B & W

Técnicas avanzadas de revelado y positivado

La edición original de esta obra ha sido publicada en inglés
por la editorial RotoVision, S.A., con el título

PHOTO-LAB SIMPLY BLACK AND WHITE:
ADVANCED PROCESSING AND PRINTING

Traducción
Raquel Galindo

Revisión
Francesc Rosés

Diseño del libro
Attik

Quedan rigurosamente prohibidas, sin la autorización escrita de los
titulares del "Copyright", bajo las sanciones establecidas en las leyes,
la reproducción total o parcial de esta obra por cualquier medio
o procedimiento, comprendidos la reprografía y el tratamiento informático,
y la distribución de ejemplares de ella mediante alquiler o préstamo
públicos, así como la exportación e importación de esos ejemplares para
su distribución en venta, fuera del ámbito de la Unión Europea.

Copyright © RotoVision, S.A., 2001
y para la edición española
Copyright © Ediciones Omega, S.A., 2001
Plató, 26 - 08006 Barcelona
www.ediciones-omega.es

ISBN 84-282-1269-4

B & W Photo-Lab

Técnicas avanzadas de revelado y positivado

Adrian Ensor

EDICIONES OMEGA

Índice

8	Galería
18	Sección 1 – Películas y reveladores
20	Tipos de película
23	Reveladores
26	Cómo elegir el revelador
30	Sección 2 – Papeles y contraste
33	La elección del papel
37	Contraste y grados
40	Sección 3 – Evaluación y valoración de la copia
42	Cómo mirar las copias de contacto
44	Cómo evaluar una copia
46	Variaciones en una copia
48	La elección de una serie
50	Sección 4 – Cómo utilizar la luz
52	Ampliar según la luz
59	Deja que suceda
60	Contraste y sombras
63	Inspirado por la luz
66	La copia oscura
70	Sección 5 – Técnicas avanzadas de positivado
98	Reencuadrar
102	Sección 6 – Ampliaciones lith
104	La técnica de la ampliación lith
106	Pasar del negativo a la copia lith
109	Envejecimiento del revelador
110	La elección del papel
112	Sección 7 – Virado y viradores
114	La elección del papel para el virado
116	Variación de la fórmula
118	La copia original
122	Virado múltiple
126	Glosario
128	Agradecimientos

Galería

Jonathan Root **Harry y Beardsley**

Ref. pág. 80

Gered Mankowitz Marianne Faithfull

Ref. pág. 109

Ref. pág. 90

Ron Bambridge Planta de reciclaje

Ref. pág. 78

Mike Owen El amor en un clima frío

Ref. pág. 53

Adrian Ensor La cama

Ref. pág. 87

Adrian Ensor Muro español

Adrian Ensor Hielo en Yorkshire

Películas y reveladores

Los libros de texto sólo pueden reflejar una pequeña parte de lo que es la unión entre película y revelador. El resto se debe ampliar con la práctica y las elecciones personales. Las películas son mucho más flexibles de lo que parecen, y si se saben combinar con diferentes reveladores o tiempos de revelado extendidos o reducidos pueden ofrecer una gran variedad de opciones al fotografiar en blanco y negro.

01. **Tipos de película**

HP5 Plus. ISO 400 ASA (320)
Muy versátil, ideal para luz normal.
Responde muy bien a los forzados.

TRI X. ISO 400 ASA (320)
Película de grano fino que puede
forzarse durante el revelado.

AGFA PAN 400. ISO 400 ASA
Alta sensibilidad, grano
moderadamente fino.

T-Max 400. ISO 400
Película de alta sensibilidad, grano
fino. La latitud de exposición es
ligeramente más baja que la de
T-Max 100.

NEOPAN 400. ISO 400
Película de nueva generación. Utiliza
una estructura de grano modificada
para un grano relativamente fino.

NEOPAN 1600. ISO 1600
Película de sensibilidad muy alta.
Similar a Neopan 400.

T-Max 3200. ISO 3200
Puede forzarse a IE 6400. Excelente
para escenas con poca luz.

FP4. ISO 125
Grano fino, emulsión delgada con
amplia latitud de exposición.

PLUS X. ISO 125
Película de sensibilidad media y
grano fino, utilizada y probada
durante décadas. Ligeramente más
contrastada que Ilford FP4.

DELTA 400. ISO 400
Textura muy agradable. El grano es
relativamente fino para su
sensibilidad y el contraste algo más
alto de lo normal.

Cámara
Nikon 35 mm SLR

Objetivo
35 mm

Exposición
1/30 segundo, f/2.8

Revelador
Revelador T-Max

Película
T-Max forzada a
IE 3200

Exposición y medición de la luz

Notas. La medición de la exposición es crucial para determinar la intensidad de la luz con la que trabajamos; pero también es muy importante saber interpretar los resultados de una medición con el fotómetro. Una medición a través del objetivo, por ejemplo, es poco más que una indicación aproximada de los valores que deberían establecerse. Este resultado puede no ser el adecuado por diversos motivos, como el exceso de sombras o luces. Además, el fotógrafo tiene que desarrollar la capacidad de saber medir una escena y juzgar cuándo hay que hacer retoques.

Hay otras maneras más precisas de medir la luz. Se puede tomar una lectura de la luz incidente, que permitirá medir la luz que incide sobre una escena en lugar de la que se refleja. Esto ayuda a comprender mejor qué sucede con la luz. También se puede colocar una cartulina conocida como escala de grises, en la zona a fotografiar, y que servirá para establecer la tonalidad media. Una medición proporcionará la exposición media de la escena (aunque, a menudo, acostumbro a medir una parte de la escena, como por ejemplo el pavimento, que es también de un tono medio).

También se puede utilizar un fotómetro puntual para tomar lecturas de zonas precisas de la escena, y hacerse una idea con ellas de cuál es la exposición adecuada para el sujeto.

Kodak Plus X	ISO 100 (125)	Delta 100	ISO 80 (100)
Ilford FP4+	ISO 100 (125)	Delta 400	ISO 320 (400)
Kodak TriX	ISO 320 (400)	Agfa 400	ISO 320 (400)
Ilford HP4+	ISO 320 (400)	Kodak T-Max	ISO 3200 (400)

Forzar la película

Ciertas situaciones requieren que se cambie el valor ISO de la película. También en este caso se trata de saber qué es lo que se puede conseguir con una película y un revelador determinados. Se puede incrementar el contraste si se fuerza la película por encima del valor establecido, para lo que hay que aumentar el tiempo de revelado. Si se fuerza la película por debajo del valor establecido (subforzado), se reduce el tiempo de revelado o se utiliza un revelador para grano ultra fino, se puede conseguir una menor sensibilidad sin que esto afecte al contraste. Hay que hacer pruebas y anotar los resultados, para que más adelante, en cualquier situación, se sepa qué es lo que se puede conseguir.

Guggenheim – Luz a través de una entrada

Había fotografiado estatuas en Londres después del anochecer, así que cuando tuve la oportunidad de ir a Bilbao para fotografiar el Museo Guggenheim sentí fascinación por ver cómo podría fotografiarlo también de noche.

Normalmente, mi regla de oro para las tomas nocturnas iluminadas por farolas es forzar la película HP5+ un punto a IE 800, exponer de 30 segundos a 1 minuto a f/22 y revelar en Microphen durante 12 minutos.

La copia se hizo sobre papel Oriental Seagull y con un revelador especial para película lith (Novalith, diluido a 1+20), reservando la curva del edificio durante 70 segundos a f/8 y quemando la parte inferior derecha durante 20 segundos. La película lith consiguió resaltar el contraste y mantener a la vez los tonos medios. La copia resultante tiene un color rosado y se viró con Tiocarbamida, que ayudó a resaltar la imagen.

 # Reveladores

ID11 Revelador para grano fino y uso general; da sensibilidad y contraste normales. Habitualmente utilizo la solución estándar, pero se puede diluir en las proporciones 1+1 y 1+3 para un solo uso. Las diluciones de mayor concentración pueden hacer que el grano sea algo más grueso aunque también más definido.

Microphen es una dilución de un solo baño que aumenta la sensibilidad de la película y que, si se utiliza en proporciones normales, permite forzar la película en un 50% con un aumento mínimo de la granularidad comparado con un revelador de grano fino estándar. Este revelador aumenta la sensibilidad de la película. Al intentar forzar en dos o tres puntos la película, dará más detalle en las sombras en comparación con reveladores convencionales como el ID11.

T-Max Utilizo este revelador con la película T-Max 3200. Es un revelador útil para forzar la mayoría de películas, y se utiliza a 24 °C. Una temperatura menor podría provocar una estructura granular poco definida.

Rodinal es un revelador muy versátil y de alta acutancia. El efecto que produce hace que aumente la definición de la imagen en comparación con los reveladores para grano fino. No da muy buen resultado con los forzados. Adecuando la dilución del revelador a la gama de brillo del sujeto se puede obtener un negativo con detalle en sombras y luces. En condiciones de iluminación de bajo contraste hay que utilizar una mezcla concentrada. Para compensar un exceso de luminosidad en el sujeto hay que utilizar diluciones más suaves. Estas diluciones pueden ser de 1+25 a 1+75. Para mayor sensibilidad y grano se puede utilizar, por ejemplo, T-Max 3200 con Agfa Rodinal a 1+50 durante 13 minutos, a 20 °C.

Otros reveladores recomendados
Los reveladores de grano ultra fino como Perceptol proporcionan una amplia gama de contraste, pero requieren una sobreexposición de un punto. Se pueden utilizar como solución estándar o diluirse en las proporciones 1+1 y 1+3 para un solo baño.

HC110 Se puede considerar como la versión actualizada de un revelador tradicional de grano fino. Adecuado para las emulsiones finas modernas. Consigue una elevada sensibilidad e imágenes de grano fino muy definidas.

ID11	20 °C
Tri-X 400	8 minutos
Plus X 125	7 minutos
FP4 125	9 minutos
HP5 400	9,5 minutos
Recording film	11 minutos
Agfa 400	9,5 minutos
Agfa 100	10 minutos
Agfa 25	8,5 minutos
Neopan 1600	8,5 minutos
Neopan 400	9,5 minutos
Película infrarroja	11 minutos
Delta 400	7,5 minutos
Delta 100	8 minutos

MICROPHEN	20 °C
HP5+ 400	7 minutos
HP5+ 800	9 minutos
HP5+ 1600	12 minutos
HP5+ 3200	17 minutos
Ilford Delta 400	8 minutos
Ilford Delta 800	11 minutos
Ilford Delta 1600	15 minutos
Kodak T-Max 3200	12 minutos
Kodak T-Max 400	7 minutos
Kodak Tri-X	7 minutos
Agfa Pan 400	10–30 minutos
Ilford FP4+ 125	6 minutos
Ilford FP4+ 200	7 minutos
Ilford FP4+ 400	11 minutos
Kodak Plus X	7 minutos
Agfa APX 100	9 minutos

REVELADOR T-MAX RS	24 °C
T-Max 100	7,5 minutos
T-Max 400	7,5 minutos
T-Max, 3200	13 minutos
T-Max 6400	16,5 minutos
TRI-X	7 minutos

RODINAL	20 °C	
Dilución	1+25	1+50
Agfa APX 25	6 minutos	10 minutos
Agfa APX 100	8 minutos	17 minutos
Agfa 400	7 minutos	11 minutos
Ilford FP4	9 minutos	18 minutos
Ilford HP5+	8 minutos	
Kodak Plus X	6 minutos	13 minutos
Kodak Tri-X	7 minutos	12 minutos

Bill Rowlinson

Bill Rowlinson es uno de mis héroes,
uno de los grandes profesionales del
planeta, y por eso esta fotografía se
hizo con cierta inquietud.

Esta extraordinaria fotografía de
Nikki Gibbs me recordó a los
famosos retratos de Edward Curtis
de los nativos americanos. La copié
en papel de tono cálido Ilford y la
revelé con Catechol, un revelador de
tono cálido. Esto proporciona calidez
a la imagen a la vez que aísla las
zonas de tonalidad más oscura. Me
encanta la calidad de esta copia,
además del hombre en sí.

"Cada paso del proceso de copiado, desde el principio hasta el

secado de la copia y el virado, tiene que llevarse a cabo con un

distanciamiento razonado por la tecnología y con un respeto

meticuloso por las artes gráficas y la química."

Cámara
Nikon FM2

Película
Agfa 400

Exposición
1/60 segundos, f/1.8

Revelador
ID11

03. **Cómo elegir el revelador**

Películas y reveladores

Con tal variedad de películas y reveladores en el mercado, lo más importante es saber cómo reaccionan nuestros materiales favoritos a diferentes productos químicos. Por ejemplo, para mi trabajo utilizo casi siempre las películas HP5, Tri-X para 35 mm, FP4 y T-Max 3200. Con estas películas utilizo los reveladores ID11, Microphen, T-Max RS y Rodinal.

He probado con otras combinaciones de película y revelador, pero la experiencia me ha demostrado que éstas son las que mejor se adaptan a mi estilo de trabajo. Es importante que cada fotógrafo llegue a este tipo de conclusiones en su propio trabajo. Una vez se sabe con certeza qué es lo que se puede conseguir técnicamente, se puede arrinconar este tema para concentrarse en ser un verdadero fotógrafo, es decir, en el contenido de la fotografía y todo el proceso mental creativo que implica.

Procesado de la película

Haga que todos sus procedimientos sean estándar, y anote todo lo que haga para poder volver a consultarlo más adelante. Esto no significa que haya que seguir al pie de la letra lo que dicen los libros, aunque ése sería un buen punto de partida. Hay que ser conscientes de qué es lo que se ha cambiado y por qué creemos que ha beneficiado a la imagen final.

Consejo: Rodinal es un revelador de alta acutancia, y si se combina con Delta 400 (que es una película de grano bastante fino teniendo en cuenta su velocidad) produce un negativo con textura de grano uniforme y alta nitidez. Si se utiliza este revelador con HP5+, en formato 35 mm, la imagen será mucho más nítida que si se hubiera utilizado un revelador convencional como ID11. Sin embargo, no se trata de una película de grano fino: el negativo resultante tendrá una textura de grano nítida y visible que puede resultar muy agradable.

Escena en la playa

Escogí Rodinal para ver cómo funcionaba con Ilford Delta 400. Es un revelador de alta acutancia y proporciona un grano muy nítido, casi texturado; funcionó muy bien para esta imagen. Me encanta cómo resalta la delgada línea blanca de la ola en la distancia.

Cámara   Rolleiflex
Película   Ilford HP5+
Exposición   1/250 segundo, f/16
Revelador   Ilford Microphen
Tiempo   Tiempo normal: 7 minutos a 20 ºC

Bailaor español

Manuel, gitano de Fuente Vaqueros
Esta fotografía se tomó en una pequeña localidad
cercana a Granada. Había estado haciendo un proyecto
inspirado por el poeta Federico García Lorca, y ésta es la
ciudad en la que nació. Conocí a varias personas en el
bar del pueblo durante mi estancia, y el último día decidí
retratarlas. Normalmente me pone nervioso hacer este
tipo de cosas, pero esta vez coloqué la Rolleiflex sobre el
trípode y empecé a disparar.

Una vez estuve de vuelta en Londres tuve el
presentimiento de que había subexpuesto la película.
Decidí pasar un carrete de prueba por Microphen durante
el tiempo normal, que añade aproximadamente medio
punto a la velocidad de la película. Microphen es un
revelador adecuado para forzar películas o, como en este
caso, para corregir una película que se haya
subexpuesto. El resultado fue un negativo con mucho
detalle en las sombras. Acerté: había subexpuesto justo
la cantidad que había calculado.

Revelador
Microphen, al tiempo normal de revelado, permite subir
la velocidad de la película un 50% con tan solo un
aumento marginal del grano, respecto a otros
reveladores de grano fino estándar. Cuando se utiliza
para aumentar la velocidad de la película en unos 2 o 3
puntos, se obtiene mucho más detalle en las sombras
que con un revelador de grano fino convencional. Éste es
uno de mis reveladores favoritos; lo utilizo para las
tomas nocturnas si fuerzo la película HP5 uno o dos
puntos más, a 800 o a 1600. También proporciona una
buena estructura de grano.

Papel y contraste

A medida que adquirimos más experiencia en el cuarto oscuro nos damos también cuenta de la importancia de saber elegir el papel de cara a la copia final. Los niveles de contraste e incluso la tonalidad conseguida se verán influenciados por el papel que utilicemos, y la experiencia podrá ayudarnos a que estemos informados para que nuestras decisiones estén basadas en las necesidades de cada fotografía.

Esta maravillosa fotografía de Kelvin Murray tomada en Vietnam parece el retrato de la tranquilidad. Sin embargo, detrás del fotógrafo había cientos de habitantes del pueblo curiosos por saber qué estaba pasando.

Para esta imagen escogí Agfa Classic Fine-Grain mate. Es un papel de clorobromuro, por lo que tiene una calidez especial, aumentada además por los efectos del virador de Tiocarbamida. Me gusta este papel. Sabía que podía aportar algo de calidez a esta toma. Creo que fue la textura del edificio lo que me llevó a decidirme por este tono.

Cámara
Hasselblad

Objetivo
50 mm

Película
Ilford FP4

Exposición
1/60 segundo, f/16

Revelador
ID11

Tiempo
8 minutos

01. **La elección del papel**

Hay muchos factores a tener en cuenta a la hora de elegir el papel, especialmente el color que ofrecen y la tonalidad (cálida, neutra o fría) que se quiere conseguir.

El papel de clorobromuro tiene un alto contenido en cloruro de plata (40% de bromuro de plata y 60% de cloruro de plata), lo que proporciona una tonalidad cálida característica. Otros papeles de clorobromuro existentes en el mercado son Agfa Classic Kentmere, Kentona and Art Classic, Forte VC de tono cálido, Fortezzo Musseum e Ilford de tono cálido.

El papel de bromocloruro tiene una coloración más neutra y contiene más bromuro de plata (60% de bromuro de plata, 40% de cloruro de plata). Papeles de este tipo son Ilford Galerie, Oriental Seagull e Ilford Multigrade.

Un alto contenido de bromuro puede hacer que la imagen resulte de un azul y negro muy frío. Forte Bromofort y Polygrade son papeles de este tipo.

El tipo de superficie también es un factor importante a la hora de elegir el papel, que puede ser brillante, semimate o mate. No se deje intimidar ante una elección así, pida a su proveedor que le enseñe muestras de los diversos tipos o superficies de papel.

Desnudo en agua

"Para esta fotografía escogí papel
Ilford Multigrade mate. La decisión
sobre qué papel utilizar para un
sujeto en concreto depende de
muchos factores. Para esta imagen,
la elección estuvo determinada por el
tipo de blanqueo que iba a utilizar.
Quería que los negros quedaran
azulados y que los tonos de la piel en
las altas luces fueran cálidos. Este
efecto lo conseguí con virador de
Tiocarbamida."

Papel
Ilford Multigrade mate
FB

Exposición del papel
17 segundos, f/8

Revelador
Ilford PQ

Tiempo
2 minutos

Virador
Tiocarbamida

Cámara
Rolleiflex

Película
HP5+ a ISO 800

Exposición
30 segundos, f/22

Revelador
Ilford Microphen

Tiempo
12 minutos

Detalles de la ampliación
Papel
Forte Polywarm-tone

Grado
3,5

Exposición
f/8 durante 25 segundos
reservando las zonas en
sombra y quemando la
esquina inferior derecha
durante 10 segundos.

Revelador
Ilford PQ

Blanqueador
Ferricianuro potásico,
100 g por litro

Tiempo
3 minutos

Tetenal Gold Toner
2 minutos

Blanqueador
1+36

Tiempo de blanqueo
45 segundos

Virador
20 ml de Tiocarbamida
+ 80 ml de hidróxido
de sodio, para 1 litro

02. **Contraste y grados**

Museo Lowry

Hay muchos factores que influyen para determinar cuál
es el contraste adecuado para cierta imagen. Tan
importante es el sujeto como la sensación que se quiera
transmitir. Cada negativo tiene su grado justo, y es fácil
saber cuándo se ha conseguido. También hay que contar
con la interpretación del sujeto. Esta toma del museo
Lowry se prestaba a una gama tonal más amplia, al
contrario que mis fotografías del Guggenheim de Bilbao,
en las que el enfoque era mucho más gráfico. El sujeto
puede ser el factor determinante para el contraste.

Cámara	Nikkormat 35 mm		Papel	Oriental Seagull
Objetivo	110 mm		Exposición	70 segundos, f/8
Exposición	1/125 segundo, f/16		Revelador	Novalith
Película	Kodak Tri-X		Tiempo	5 minutos
Revelador	Rodinal		Virador	Tiocarbamida
Dilución	1+50			
Tiempo	14 minutos			

Bilbao

No había puesto atención en esta toma hasta que Jeff
Conn, que trabajaba conmigo por aquel entonces, la vio
en la hoja de contactos. Jeff está especializado en copias
lith y me propuso reproducirla de esta manera. La
construcción, una parte de un puente con un ascensor
en el interior, refleja una luz intensa. La figura del
hombre adquiriendo una entrada bajo el diseño de
hierro forjado no cuadra con el resto del edificio y ayuda
a proporcionar escala.

En esta fotografía buscaba textura y contraste. No se
trata de proporcionar detalle en las zonas en sombra,
sino de la calidad y la profundidad de esas zonas. Esto
complementa la fuerte textura de las luces.

El contraste de una copia está determinado por la
sensación que se quiera transmitir con una fotografía en
concreto. Esta toma se basa en la textura y la luz: no
busco el detalle en las sombras, sino la forma de la luz
y la textura del edificio.

Evaluación y valoración de la copia

Hoy en día hay muchas posibilidades en cuanto a variedad de papeles y reveladores, pero la evaluación de una copia sigue siendo una cuestión de equilibrio. Hay que preguntarse lo siguiente: ¿Tiene la fotografía el contraste adecuado? ¿Y una buena gama tonal? Y lo más importante: ¿Transmite lo que propone Stieglitz en la cita de la página siguiente? Para conseguirlo, hay que tener en cuenta qué es lo que se muestra y qué lo que se oculta.

"La imagen debería mostrar lo que se vio y se sintió en el momento en que se hizo".

Cámara
Rolleiflex

Película
HP5+

Exposición
1/125 segundo, f/16

Filtro
Amarillo

Detalles de la ampliación

Revelador
Catechol Warm-tone
(ver pág. 55)

Papel
Ilford Warm-tone mate

01. **Cómo mirar las hojas de contactos**

Llevo mucho tiempo mirando y evaluando imágenes, y nunca había analizado cómo elijo las fotografías a partir de los contactos. Si se trata de una de mis fotografías, sé qué es lo que busco y se trata de decidir si funciona o no, cosa que depende a veces de ligeros cambios de encuadre o de lo que quiero que aparezca en la imagen. Cuando miro los contactos de otros fotógrafos intento preguntarme qué es lo que buscan ellos. Se trata de un proceso de eliminación. Es interesante ver en qué parte del carrete está la fotografía que funciona. A veces puede ser la primera y a veces la última.

A finales de otoño la luz en el sur de España es muy fuerte, y constantemente me siento atraído por las sombras en las paredes y en los edificios. Esta toma forma parte de una serie de fotografías realizadas cerca de la ciudad natal de Lorca. La casa que aparece en la imagen era de su padre. Esta serie tiene un aire melancólico, y la toma elegida es la que, en mi opinión, mejor refleja este sentimiento.

Consejo: No hay que temer que la copia sea más oscura de lo que esperábamos. Dicen que a medida que nos hacemos mayores tendemos a oscurecer las copias.

02. **Cómo evaluar una copia**

Hombre con caballo

Esta fotografía forma parte de una serie que tomé en la costa oeste de Irlanda. Estaba con una amiga, la fotógrafa y músico Christy McNamara. Christy nunca deja pasar la oportunidad de un buen retrato. Nos encontramos con este hombre y sus caballos, y Christy, ni corta ni perezosa, le preguntó si podíamos fotografiarlo. Ésta es una de mis muchas tomas, y me encanta su naturalidad. Era un hombre encantador, y estaba muy orgulloso de su caballo.

Amplié esta fotografía muy oscura. De hecho, toda la serie tenía un cierto toque oscuro. Me inspiré en un libro de Paul Strand y en la riqueza de tonos que tenían sus imágenes. Recuerdo que un printer, no recuerdo quién, dijo que cuanto más oscura sea la copia, mejor se verá de dónde viene la luz. Esto es lo que yo siempre he creído, y me gusta cómo cae la luz en la cara y las manos del hombre en esta fotografía.

Papel	Ilford Multigrade FB mate 2*, f/8
Exposición básica	15 segundos reservando el caballo durante la exposición, 5 segundos para la mano, 5 segundos para la parte inferior derecha. Durante la toma intenté sentir la forma, la luz en la cara; pensaba todo el rato en Paul Strand.

Esta copia se viró con Tiocarbamida, por lo que, teniendo en cuenta el tiempo de blanqueo necesario, la positivé un cuarto de punto más oscura de lo normal. Los blanqueadores pueden variar de papel a papel, por ejemplo, los de clorobromuro, como el Agfa Classic/Forte, se blanquean más rápido que los de clorobromuro.

Cámara	Nikon
Objetivo	35 mm
Película	HP5+
Filtro	Naranja
Exposición	1/125 segundo, f/11
Revelador	ID11
Tiempo	8 minutos

Detalles de la ampliación

Ampliadora	De Vere cabezal multigrado
Papel	Ilford Multigrade mate
Revelador	Ilford POX
Tiempo	2,5 minutos
Virador	Tiocarbamida
Blanqueador	Ferricianuro potásico/bromuro potásico
Dilución	1+15
Tiempo	3–5 minutos
Mezcla del virador	80 ml de Tiocarbamida + 20 ml de hidróxido de sodio para 1 litro

"Sigo intentando satisfacer esa curiosidad interior, que en mi caso intenta proyectarse siempre en forma de imagen mental sobre el papel".

03. **Variaciones en una copia**

A veces no hay que considerar sólo la luz de las copias,
sino que hay que encontrar también el grado de papel
adecuado para sacar el mejor provecho del negativo. Aquí
empecé con un grado bastante bajo, pero entonces me di
cuanta que cuanto más aumentaba el grado, más se
acentuaba la luz entre los árboles, que era justo el efecto
que buscaba. Tomé esta fotografía a principios de
noviembre en el sur de España. En esa época del año la luz
es muy fuerte, y utilicé un filtro amarillo para enfatizarla.
El positivado fue bastante rápido una vez hube decidido
el grado que iba a utilizar. Reencuadré la fotografía
ligeramente para centrar el espacio entre los árboles.

La exposición básica fue de 15 segundos con grado 4.
Los 5 segundos de exposición de más en la parte superior
sirvieron para oscurecer el tono del cielo.

Cámara
Rolleiflex

Película
HP5+

Filtro
Amarillo

Revelador
ID11

Tiempo
8 minutos

Detalles de la ampliación
Papel
Ilford Multigrade mate FB
Grado 4,5 f/8

Exposición
15 segundos + 5 segundos
más en la parte superior

Revelador
PQ

Tiempo
2,5 minutos

GRADO 1

GRADO 2,5

GRADO 4

04. **La elección de una serie**

Escogí estas tres imágenes de una serie de ocho. Puestas
en este orden, esta pequeña selección resume, en mi
opinión, todo cuanto quería decir sobre el aspecto visual
de este lugar. Las torres de cemento aparecen en las tres
imágenes. La imagen del centro tiene un ligero
movimiento que parece proceder de la primera. Ésta
parece abarrotada comparada con la última, que tiene un
cierto aspecto majestuoso. Me gusta que las series
puedan contar una historia, o actuar como una especie de
película sin movimiento.

Consejo: Al fotografiar un lugar hay que intentar variar nuestro punto de vista e
introducir elementos como el movimiento para que las series tengan un ritmo.

Cámara
Pentax 6x7

Objetivo
200 mm

Película
HP5+

Exposición
45 segundos, f/22

Revelador
Microphen

Tiempo
12 minutos

Detalles de la ampliación

Papel
Ilford Warm-tone mate,
Grado 3,5

Exposición
18 segundos, f/11

Revelador
Agfa W/A

Tiempo
1,5 minutos

Blanqueador
Bromuro potásico/
ferricianuro potásico

Dilución
1+24

Tiempo
45 segundos

Virador
80 ml de Tiocarbamida +
20 ml de hidróxido de
sodio, para 1 litro

Cómo utilizar la luz

Por muy obvio que parezca, la luz es el elemento básico
de la fotografía, desde la exposición sobre materiales
fotosensibles hasta la copia final. Podemos mirar una
fotografía y hablar de la calidad de la luz; tanto de su claridad
en las alturas como de la neblina en las llanuras, o de la
iluminación de estudio. Lo que nos conduce al sujeto es el
control de la luz.

01. **Ampliar según la luz**

La cama

Esta imagen pertenece a mi casa de Yorkshire. Estaba
fotografiando una serie de paisajes en la zona donde
vivo, y durante años he tomado imágenes de la casa
para complementarlos. La casa está orientada hacia el
sur, por eso hay una luz muy fuerte por las mañanas que
se cuela por estas pequeñas ventanas cuadradas, cuyas
luces y sombras se proyectan sobre la cama.

Creí que lo más adecuado sería ampliar según las luces y
dejar que todo lo demás se ajustara a ellas.

Esta es una copia casi directa, sólo se recortó un poco
para reencuadrarla. El tiempo de exposición fue de
20 segundos a f/11. No se reservaron las sombras para
obtener detalle porque daban forma a la imagen.

Cámara
Nikkormat

Objetivo
35 mm

Película
HP5+

Filtro
Naranja

Exposición
1/125 segundo, f/16

Detalles de la ampliación

Papel
Ilford Multigrade mate FB

Exposición
20 segundos, f/11

Revelador
PQ

Tiempo
2 minutos

Virador
Tiocarbamida

Blanqueador
Ferricianuro potásico/bromuro
potásico

Dilución
1+15

Tiempo
45 segundos

Virador
70 ml de Tiocarbamida + 30 ml de
hidróxido de sodio, para 1 litro

Cámara
Hasselblad

Película
HP5+

Exposición
1/125 segundo, f/16

Detalles de la ampliación
Papel
Ilford Warm-tone FB

Exposición
20 segundos, f/11

Revelador
Catechol (ver composición
abajo a la derecha)

Malcolm Paisley es un fotógrafo artístico que produce sus propias copias lith. Éste fue nuestro intento de reproducir la intensidad y el tono que Malcolm consigue con sus copias utilizando el revelador Catechol de tono cálido.

Revelador Catechol

Si se utiliza con papel de fibra Ilford de tono cálido, este revelador puede producir copias de gran calidad y profundidad. La mezcla para la composición procede de *The Darkroom Cookbook*, de Stephen G. Anchell (Focal Press):

El revelador debería usarse sin diluir, a una temperatura de 35 °C.

Normalmente preparo 2 litros cada vez. La temperatura debe mantenerse a 35 °C. El tiempo de revelado es corto, desde 1 minuto 15 segundos a 1 minuto 30 segundos. Se pueden conseguir tres o cuatro copias de 20 x 16 cm con un poco de suerte, pero cuanto más papel se introduzca en la mezcla, más manchas se obtendrán en los bordes blancos. Creo que las manchas son aceptables, especialmente si consideramos la calidad de la copia obtenida con esta combinación de papel y revelador. Quiero recalcar que el cuarto oscuro debe estar bien ventilado, y que hay que llevar guantes para mezclar los distintos productos, especialmente la pirocatequina. No olvide llevar una máscara protectora durante el proceso.

Revelador Catechol Warm-tone

Agua (43,5 °C)	700 ml
Pirocatequina	4 gramos
Carbonato potásico	45 gramos
Bromuro potásico	0,4 gramos
Agua para	1 litro

El revelador debería utilizarse sin diluir a 35 °C, con tiempos de exposición mucho más reducidos que los que se emplean para reveladores convencionales. Después del revelado, la copia se enfría en un baño de agua y se procesa de la manera habitual.
ATENCIÓN: Utilice guantes y demás medidas de prevención al trabajar con reveladores Catechol.

Árbol

Esta fotografía se tomó justo cuando empezaba a dispersarse la neblina y a filtrarse la luz. La niebla había restado detalle y enfatizaba solamente el fantástico contorno de este árbol.

La idea principal a la hora de hacer esta copia era mantener la calidad de la luz representada en el negativo y la sensación de niebla que aparece gradualmente en las ramas superiores del árbol, además de quemar la parte superior para crear algo de tono que ayudara a enmarcar la imagen.

Para la copia utilicé Ilford Multigrade FB, ajustado a grado 2. La exposición básica fue de 15 segundos. Expuse la parte superior y los laterales 10 segundos más, con lo que la mitad superior de la imagen quedó sobreexpuesta. Sabía que iba a utilizar Tiocarbamida, y por eso la revelé más oscura de lo normal, ya que con el blanqueo iba a perder tono. Después del virador y de un buen lavado la pasé por un virador de oro que le dio un aspecto algo rojizo, especialmente en las hojas de la parte exterior.

Nota: El virador de oro sobre el tono amarillo marrón de la Tiocarbamida proporciona un rosa rojizo. También da un ligero brillo a la imagen.

10 SEGUNDOS PARA ENCUADRAR LA COPIA

VIRADOR DE ORO

EXPOSICIÓN BÁSICA DE 15 SEGUNDOS; GRADO 2,5; ILFORD MATE FB

Detalles de la ampliación

Cámara	Nikkormat
Objetivo	35 mm
Filtro	Naranja
Película	Ilford HP5+
Exposición	1/125 segundo, f/11
Revelador	ID11
Tiempo	8,5 minutos

Papel	Ilford Multigrade mate de fibra
Grado	2,5 a f/8
Exposición	15 segundos, más 10 segundos en la parte superior y los lados
Revelador	Ilford PQ
Tiempo	2 minutos
Virador	Tiocarbamida + oro
Blanqueador	Ferricianuro potásico/bromuro potásico
Tiempo	3 minutos
Virador	80 ml de Tiocarbamida + 20 ml de hidróxido de sodio, para 1 litro
Virador de oro	Tetenal Gold Toner, sin diluir, 1,5 minutos

<table>
<tr><td>Cámara</td><td>Nikkormat</td></tr>
<tr><td>Objetivo</td><td>35 mm</td></tr>
<tr><td>Filtro</td><td>Naranja</td></tr>
<tr><td>Exposición</td><td>1/125 segundo, f/16</td></tr>
<tr><td>Película</td><td>Ilford HP5+</td></tr>
<tr><td>Revelador</td><td>ID11</td></tr>
<tr><td>Tiempo</td><td>8,5 minutos</td></tr>
</table>

Detalles de la ampliación

Papel	Multigrade FB mate
Filtro	Grado 3
Exposición	20 segundos, f/8
Revelador	PQ
Tiempo	2,5 minutos
Virador	Tiocarbamida
Blanqueador	Ferricianuro potásico/bromuro potásico
Dilución	1+15
Tiempo	50 segundos
Virador	70 ml de Tiocarbamida + 30 ml de hidróxido de sodio, para 1 litro

Consejo: Las copias mates se aclaran hasta un 25% al secarse. El contraste puede perderse, por eso utilizo un grado más al positivarlas.

02. **Deja que suceda**

No sabría decir si he pasado
demasiadas horas en el cuarto oscuro,
pero lo que sí es cierto es que al salir de
él no dejo de fijarme en la luz y de
sentirme atraído por ella. A veces la veo
incluso de reojo. Esta luz procedía de
una ventana de mi casa. En marzo la luz
es baja y nítida, y cambia en cuestión de
5-10 minutos.

En esta imagen intenté que la luz tomara
su propia forma y que las sombras se
oscurecieran.

Copiado

Ilford Multigrade FB mate Grado 3. Esta
copia se expuso durante 20 segundos a
f/8. Quería que fuera lo suficientemente
oscura para reflejar la textura de la
pared. El nivel de contraste recogió toda
la luz y acentuó las formas perdiendo el
detalle de las sombras. Aunque es una
copia directa, se hizo pensando en el
contraste y el peso de la copia final.

COPIA DIRECTA

Cámara
Rolleiflex

Película
Delta 400

Exposición
1/125 segundo, f/16

Filtro
Amarillo

Revelador
Rodinal

Dilución
1+50

Tiempo
14 minutos

Detalles de la ampliación

Papel
Kentmere Fineprint VC

Grado
2

Exposición
**20 segundos, f/8
+ 8 segundos en la parte
inferior y 10 en la
superior**

Revelador
PQ

Tiempo
2,5 minutos

GRADO 2, F/8, 20 SEGUNDOS

03. **Contraste y sombras**

Esta fotografía forma parte de un proyecto que estuve
haciendo en Ostende. Era pleno verano, agosto
exactamente; el día era maravilloso: cielo azul y gente
divirtiéndose en la playa. Cuando empezó a atardecer el
mar reflejaba la luz, y yo no dejaba de mirarlo. Entonces
apareció esta mujer con el perro y fue como el disparo
de salida.

La idea de esta fotografía es retener la calidad de la luz y
equilibrar la imagen para que tenga un tono continuo.
La copia se hizo sobre Kentmere Fineprint VC, grado 2,
20 segundos a f/8. La parte inferior se expuso 8 segundos,
y la superior 10.

Consejo para el copiado: Si se aumenta el tiempo en la parte superior y en la inferior, los tonos de la imagen conducirán la vista hacia el sujeto principal, la chica y el perro.

Cámara	Rolleiflex
Película	HP5
Exposición	30 segundos, f/22
Revelador	Microphen
Tiempo	12 minutos

Detalles de la ampliación

Revelador	Kentmere Fine Print VC
Grado	2,5
Exposición	15 segundos
Revelador	Ilford PQ
Tiempo	2,5 minutos

Los pilares de Ostende

Durante el verano de 1995 hice una serie de fotografías en Ostende, casi siempre de gente. Me fijaba en las luces todo el día. Por la noche caminaba entre la columnata, que es imponente, y me impresionó el dibujo que hacía la luz, que era una mezcla de luz interior y exterior. Tomé una fotografía sin trípode con mi Nikon de 35 mm. Estaba un poco desenfocada, pero me dio una idea. En invierno volví con un trípode, una Rolleiflex y una técnica mejorada. Nunca antes había hecho fotografía nocturna, y fue una revelación. Tuve tiempo para estudiar la forma de la luz y componer la imagen. Desde entonces he trabajado bastante con la fotografía nocturna, que para mí es como un gran cuarto oscuro.

Antes de volver a Ostende hice pruebas con película HP5+ y revelador Microphen, y encontré un método bastante fiable: HP5+ a ISO 800/1000, exposición de entre 30 segundos y 1 minuto, f/22; revelada en Microphen durante 12 minutos.

La copia se reencuadró para enderezar una perspectiva algo torcida. El papel utilizado fue Kentmere Fine Print VC de fibra. Nunca antes había utilizado este papel, y estaba buscando una imagen con un color más definido: éste resultó ser el papel adecuado. Tal y como puede verse en estas comparaciones, la copia es virtualmente directa.

COPIA DIRECTA

Cámara   Rolleiflex
Película   HP5+
Exposición   1/60 segundo, f/56
Revelador   Ilford ID11
Tiempo   8 minutos

Detalles de la ampliación

Papel   Ilford FB mate
Exposición   f/16, 13 segundos, grado 2,5.
                Después, 26 segundos, grado 1
                y 10 segundos más para la silla
Revelador   PQ
Tiempo   2 minutos
Blanqueador   Ferricianuro potásico/bromuro
                potásico
Dilución   1+16
Tiempo   1 minuto 20 segundos
Virador   70 ml de Tiocarbamida + 30 ml de
                hidróxido de sodio, para 1 litro

La historia de las monjas

Estaba en el bar de un hotel de County Clare (Irlanda), descansando tras la boda de un amigo la noche anterior. Mientras estaba allí entraron seis monjas indias y se sentaron a tomar el té. La luz que caía sobre ellas era casi como la de los cuadros de Rembrandt. Fui a mi habitación para cargar la cámara, y cuando bajé ya se habían ido. Me dirigí hacia donde estaban sentadas para fotografiar las tazas y los platos vacíos, y apareció este niño. Todavía recuerdo la fotografía que no llegué a hacer, pero es mucho mejor el recuerdo.

Nota. El chico no me mira a mí, sino a mi Rolleiflex. La cámara está a nivel de la cintura y yo miraba la pantalla.

A la hora del copiado pensé en cerrar un poco el encuadre para introducir al espectador en la imagen, y sobreexponer las figuras del fondo para aislar al chico. El papel utilizado fue Ilford Multigrade FB mate. La exposición básica fue de 13 segundos, grado 2,5. Para oscurecer las figuras del fondo cambié el filtro a grado 2 durante 26 segundos. Fueron necesarios otros 10 segundos para la silla situada a la derecha del chico.

FIGURAS AL FONDO
GRADO 1, 26 SEGUNDOS

+10 SEGUNDOS

05. **La copia oscura**

Ben Bulben

Ya he mencionado anteriormente que para algunos
sujetos es mejor sacar una copia más oscura de lo que se
pensaba hacer. Esto permite ver de dónde viene la luz y
aporta más contraste. Estas copias se positivaron más
oscuras porque sabía que iba a blanquearlas para el
virador. No quería perder la gama tonal, sobre todo en el
cielo. Para toda esta serie irlandesa utilicé un filtro
naranja. La variabilidad de los cielos ayuda a mantener la
continuidad en el copiado. El equilibrio entre la montaña
y el cielo no requirió demasiados retoques (p. ej., virado)
para que las nubes tuvieran detalle.

Cámara
Nikkormat

Objetivo
105 mm

Exposición
1/125 segundo, f/11

Película
HP5+

Revelador
ID11

Tiempo
8 minutos

Detalles de la ampliación

Papel
Ilford FB mate

Grado
1,5

Tiempo
25 segundos reservando
las sombras cercanas a la
montaña; 10 segundos
para el cielo y 5 para la
luz a ambas partes de la
montaña

Revelador
PQ

Dilución
1+8

Tiempo
2,5 minutos

Blanqueador
Ferricianuro potásico/
bromuro potásico

Dilución
1+15

Tiempo
3,5 minutos

Virador
80 ml de Tiocarbamida +
20 ml de hidróxido de
sodio para 1 litro

Ésta es una fotografía de la tumba de Yeats que tiene
algo en común con la anterior. El último poema de Yeats
fue su epitafio. La montaña se llama Ben Bulben, y la
tumba de Yeats descansa a su sombra. Se dice que, de
noche, un mítico jinete desciende de la montaña; de ahí
el epitafio.

Cámara	Nikkormat
Objetivo	35 mm
Filtro	Naranja
Exposición	1/125 segundo, f/11
Película	HP5+
Revelador	ID11
Tiempo	8 minutos

Consejo: Hay que procurar obtener el máximo de detalle en las luces, ya que son las
primeras en desaparecer al blanquear.

Detalles de la ampliación

Cámara	Rolleiflex	Papel	Ilford FB mate, grado 2,5
Película	HP5	Exposición	20 segundos, f/11, para retener detalle
Exposición	1/125 segundo, f/16		en las sombras, 10 segundos
Revelador	ID11		adicionales a la parte superior del cielo
Tiempo	8 minutos	Revelador	PQ, 2 minutos

Ostende

Esta fotografía forma parte de la serie de Ostende. Estaba fotografiando los reflejos de la playa en las ventanas que había detrás de la columnata cuando, al girarme, vi esta pareja. La imagen tiene cierto carácter atemporal, y no sólo por la ropa que llevaba la pareja. No disponía del tiempo necesario para componer la imagen, sólo quería atrapar el momento. El encadre final lo hice más tarde, sobre la hoja de contactos.

Pensé que lo mejor era dejar que las columnas enmarcaran la imagen y oscurecer el cielo para atraer la vista hacia el sujeto. Dos meses antes había tomado una fotografía nocturna en el mismo lugar pero sin las cabinas de la playa. No se trataba sólo de la diferencia entre la noche y el día, sino también del tiempo. La fotografía nocturna se tomó bajo una intensa lluvia en el malecón, pero, en cierto modo, reflejaba más calma, porque pude componer la fotografía sin temor a que las columnas o el banco fueran a moverse.

COPIA DIRECTA

Fotografía nocturna

Cámara	Rolleiflex
Película	HP5
Exposición	30 segundos, f/22
Revelador	Microphen
Tiempo	12 minutos

Técnicas avanzadas de positivado

He positivado para varios fotógrafos durante años, y a veces he tenido que hacerlo a partir de negativos que no eran perfectos o cuyos sujetos no me resultaban interesantes. Pero mi trabajo consiste en conseguir buenas copias y superar el reto: es fácil realizar un buen trabajo si la imagen nos inspira. Normalmente intento aportar algo al sujeto gracias a mi amplia experiencia con varios papeles, reveladores y viradores.

Cámara
Rolleiflex

Película
Plus X

Exposición
1/250 segundo, f/8.
Flash y luz diurna

Detalles de la ampliación
Papel
Ilford Multigrade
FB brillante

Grado
1,5

Exposición
12 segundos, f/11.
5 segundos más para la
cara, 20 segundos a
máxima abertura en la
parte inferior derecha

Revelador
Ilford PQ

Tiempo
2,5 minutos

Betty Buckly

"Ésta es una maravillosa fotografía de Betty Buckly, que
aparecía en la obra *Sunset Boulevard* en ese momento y
estaba con todo el maquillaje en la terraza del Dorchester
Hotel en Londres. La combinación entre luz diurna difusa
y flash fue perfecta. Utilicé Ilford Multigrade brillante,
grado 1,5, a f/11 durante 12 segundos, reservando las
partes en sombra. En la parte inferior derecha aparece
un trozo de verja blanco, así que abrí al máximo el
diafragma y di 20 segundos más a esta zona."

COPIA DIRECTA

EXPOSICIÓN BÁSICA: 12 SEGUNDOS, F/11

RESERVAR ESTA PARTE

A F/9 (ENTRE F/8 Y F/11) + 20 SEGUNDOS

Retrato sudamericano

"Esta imagen corresponde a una ciudad minera de América Latina, Potosí. Mientras caminaba por la calle con mi guía vimos la pequeña y poco iluminada habitación de este hombre. La puerta estaba abierta, y entramos. Le pareció fascinante que yo quisiera fotografiar su casa, y nos dio la bienvenida con los brazos abiertos. Estuvimos un tiempo en su casa. El fue muy paciente, sobre todo a la hora de posar durante diez segundos."
Julia Fullerton-Batten

Antes de que Julia me contara su historia, me había parecido que el hombre estaba en el barbero, esperando su turno. El papel es Forte Polywar-tone semimate, que funciona muy bien con las copias lith.

Creo que el objetivo de esta imagen es dirigir la vista hacia el hombre reflejado en el espejo. Para mí, lo importante es reunir suficiente información en la pared sin que llegue a distraer.

COPIA DIRECTA

90 SEGUNDOS CON REVELADOR NOVALITH, DILUCIÓN 1+20, TIEMPO DE REVELADO 5 MINUTOS

<table>
<tr><td>Cámara</td><td>Hasselblad</td></tr>
<tr><td>Objetivo</td><td>80 mm</td></tr>
<tr><td>Exposición</td><td>10 segundos, f/5.6</td></tr>
<tr><td>Película</td><td>HP5+</td></tr>
<tr><td>Revelador</td><td>ID11</td></tr>
<tr><td>Tiempo</td><td>9 minutos</td></tr>
</table>

Detalles de la ampliación

<table>
<tr><td>Papel</td><td>Polywarm-tone semimate</td></tr>
<tr><td>Exposición</td><td>90 segundos a f/8; reservando la pared durante 45 segundos</td></tr>
<tr><td>Revelador</td><td>Novalith 1+20</td></tr>
<tr><td>Tiempo</td><td>5 minutos</td></tr>
</table>

<table>
<tr><td>Cámara</td><td>Nikkormat</td></tr>
<tr><td>Objetivo</td><td>35 mm</td></tr>
<tr><td>Exposición</td><td>FP4</td></tr>
<tr><td>Película</td><td>1/125 segundo, f/11</td></tr>
<tr><td>Filtro</td><td>Polarizador</td></tr>
</table>

Detalles de la ampliación

<table>
<tr><td>Papel</td><td>Forte Polygrade, grado 2,5</td></tr>
<tr><td>Exposición</td><td>15 segundos</td></tr>
<tr><td>Revelador</td><td>Forte Cold Tone (tono frío)</td></tr>
<tr><td>Tiempo</td><td>2 minutos</td></tr>
<tr><td>Virador</td><td>Tiocarbamida</td></tr>
</table>

COPIA VIRADA CON TIOCARBAMIDA

COPIA DIRECTA

Paisaje marino

Tomé esta fotografía en Almouth, Northumberland. Era una mañana increíble: el viento soplaba desde el interior y hacía retroceder las olas. Tenía un filtro polarizador y lo giré hasta que captó la luz sobre las olas.

Escogí el papel Forte Polygrade FB después de haber hablado por teléfono con un amigo que también revela, Mike Spry. Con su entusiasmo natural, me preguntó: "¿Has probado esto?"; él estaba experimentando con varios reveladores. Este papel tiene una tonalidad más bien fría y con él se obtienen negros muy azulados. Lo revelé con el revelador Cold Tone de Forte, pero funciona igual con cualquier otro revelador de tonos fríos.

La exposición básica fue de 15 segundos a f/8, reservando las zonas de luz de las nubes con máscaras. Después expuse la parte derecha durante 6 segundos. Para continuar con el entusiasmo de Mike, decidí probar con virador de Tiocarbamida en una copia que me sobraba. Ambas quedaron bien.

El amor en un clima frío

Mike Owen tomó esta fotografía de
época para una adaptación de la BBC
de la novela de Nancy Milford *El amor
en un clima frío*. Mike utilizó luz de
tungsteno y Polaroid Type 55.

Lo que más me gusta de esta imagen
no es sólo la calidad de la luz, que
tiene un cierto toque de los años
treinta, sino el borde de la Polaroid,
que enmarca la imagen y la devuelve
al presente.

Para la copia utilicé Ilford Warm-tone
brillante, grado 2,5, durante
20 segundos. Reservé el pelo y di
10 segundos más a la parte inferior
izquierda, en la que el sofá está
sobreexpuesto.

COPIA DIRECTA

Cámara	Sinar 5x4	Papel	Ilford Warm-tone brillante, grado 2,5
Objetivo	300 mm	Exposición	20 segundos, más 10 segundos
Película	Polaroid Type 55	Revelador	Catechol Warm-tone (ver página 55)

Detalles de la ampliación

Cámara	Hasselblad 500c	Papel	Ilford Multigrade FB brillante
Objetivo	50 mm Distagon	Exposición	20 segundos (básica) a f/16
Película	Kodak Tri-X Pan forzada a IE 800	Revelador	Ilford PQ
Revelado	Forzado 1punto en D76	Tiempo de revelado	2 minutos

Marianne Faithfull
The Salisbury Pub
St Martins Lane, Londres, 1965

"Conocí a Marianne en 1964, cuando los dos teníamos 17 años, y me impresionó al instante. Era bonita, brillante y divertida, y estaba encantada de dejarme estar junto a ella y fotografiarla. Nos hicimos buenos amigos, y pasé mucho tiempo con ella; la fotografiaba en todo momento: en el estudio, de camino a los conciertos o durante las grabaciones. Esta fotografía forma parte de la serie para la portada del disco 'Come My Way', y esta toma en concreto fue rechazada a causa de los hombres reflejados en el espejo. Al buscar material para una exposición a principios de los años noventa, encontré esta imagen y volví a enamorarme de Marianne."
Gered Mankowitz

Esta fotografía trata del equilibrio y del ambiente, reteniendo detalle en el vestido de Marianne y en el fondo. Esto se consigue reservando grandes zonas, como el fondo, durante la exposición.

Así logré que la mayor parte de las luces quedasen naturales. La exposición básica general fue de 20 segundos, con un filtro de grado 3. Después expuse la mesa de la derecha durante 5 segundos, y la parte superior durante 10 segundos con un filtro de grado 1. Desde la parte superior (la zona de las lámparas) hasta la lámpara que queda por encima de la mano izquierda de Marianne, la exposición es de 10 segundos más, con un filtro de grado 1. Di 10 segundos más a la mesa de la derecha, también con un filtro de grado 1. Esta copia, como todas, demuestra la necesidad de equilibrio en la imagen y de desarrollar la información básica que obtenemos a partir del negativo.

COPIA DIRECTA

EXPOSICIÓN BÁSICA: 20 SEGUNDOS, f/16

Harry y Beardsley
Abril 1999

"Me encantan todas las texturas de esta fotografía. Los listones de madera del fondo, el traje de mi padre y el perro. La idea de esta fotografía era la riqueza de tonos. Utilicé Ilford Warm-tone FB. La exposición básica fue de 25 segundos reservando la chaqueta, y a continuación di 10 segundos más sobre las esquinas superiores y 5 segundos a la parte inferior izquierda. Revelé la copia con Agfa W/A Warm-tone."

"Hice esta fotografía de mi padre un año antes de que muriera."

COPIA DIRECTA

Cámara	Pentax 6x7
Objetivo	105 mm
Película	Tri-X
Exposición	1/125 segundo, f/5.6
Revelador	ID11
Tiempo	8 minutos

Detalles de la ampliación

Papel	Ilford Warm-tone FB mate
Grado	3
Exposición	Exposición básica: 25 segundos, f/11
Revelador	Catechol Warm-tone (ver página 55)
Tiempo	1,5 minutos

Cámara	Nikon
Objetivo	50 mm
Película	FP4+
Exposición	1/60 segundo, f/11
Revelador	ID11
Tiempo	8 minutos

Detalles de la ampliación

Papel	Ilford Warm-tone, grado 2,5
Exposición	15 segundos reservando el fondo, más 30 segundos en la parte superior
Revelador	Catechol Warm-tone (ver página 55)

COPIA DIRECTA

+30 SEGUNDOS PARA EL CIELO

Frontera boliviana

Esta es una fotografía atemporal de Hamish Fulton, con
quien trabajé durante muchos años. Al mirar sus
fotografías, además de comprobar el tono y el equilibrio
de la imagen, puedo ver el lugar donde él estaba y desde
donde tomó la fotografía. Al mirar el negativo sabía que
podía conseguir un cielo dramático de algún modo.
Escogí Ilford Warm-tone brillante, grado 2,5. La
exposición básica, reservando el fondo, fue de
15 segundos; el cielo se sobreexpuso otros 30 segundos.

Muro español

Esta fotografía, tomada en España en octubre, refleja la
fuerza y el contraste de la luz en esa época del año.
Utilicé un filtro amarillo sin darme cuenta de la fuerza
del azul del cielo, que dio como resultado un cielo negro
con el muro blanco y la sombra. Esto hizo que la
imagen cobrara una dimensión más gráfica y ofreciera
una versión más fría de un día caluroso.

El copiado fue relativamente sencillo. Utilicé papel Ilford
Multigrade FB mate con un filtro de grado 4. El tiempo
de exposición fue de 14 segundos, reservando la nube
durante toda la exposición y sobreexponiendo la parte
izquierda del muro durante 4 segundos para equilibrar
la imagen.

Cámara
Rolleiflex 2.25

Filtro
Amarillo

Exposición
1/125 segundo, f/16

Película
HP5+

Revelador
ID11

Tiempo
8 minutos

Detalles de la ampliación

Papel
Ilford Multigrade mate

Exposición
14 segundos a f/8, más
4 segundos para el muro

Revelador
PQ

Tiempo
3 minutos

COPIA DIRECTA

+4 SEGUNDOS

SOBREEXPONER

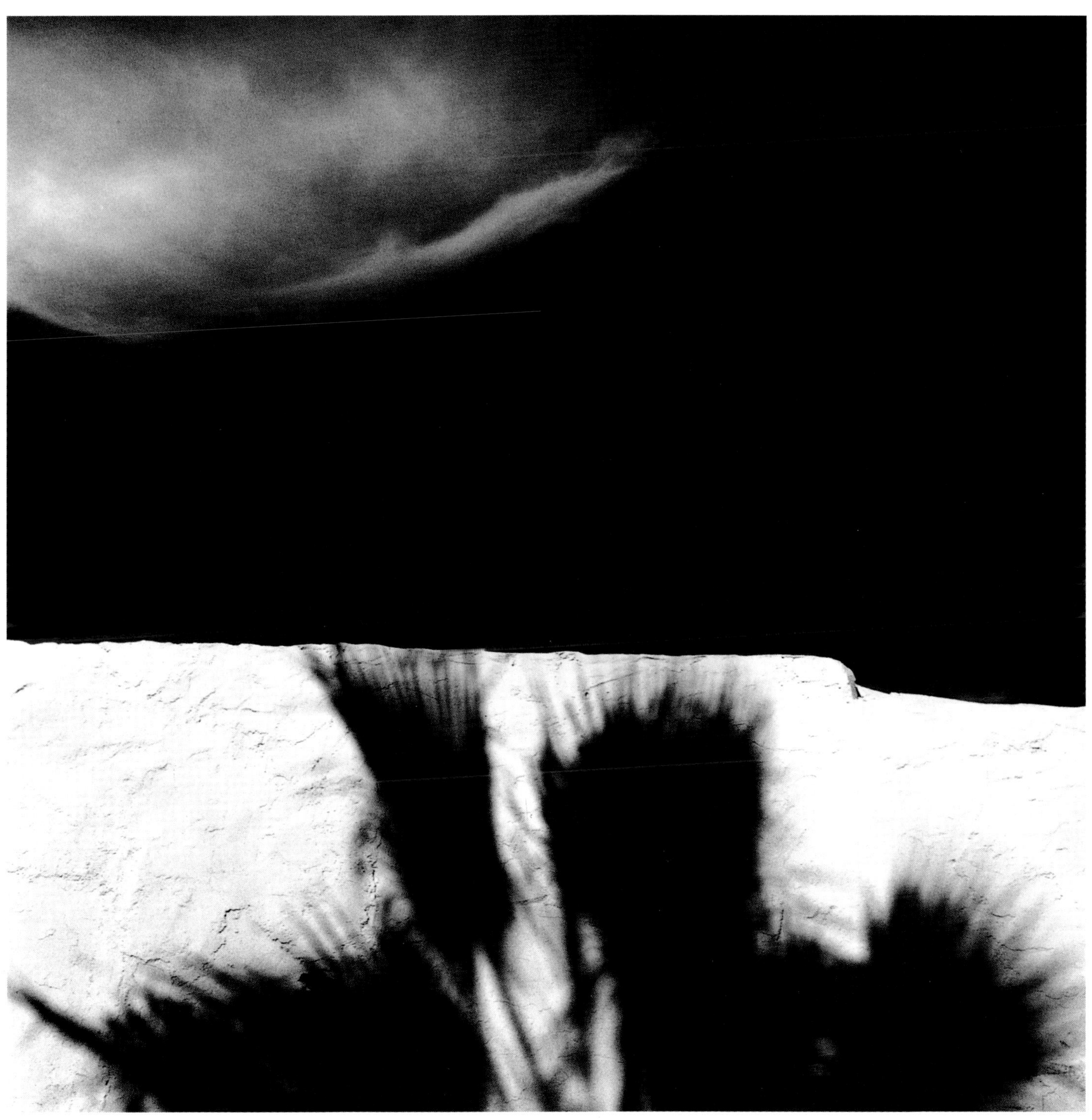

Detalles de la ampliación

Cámara	Hasselblad 500c
Objetivo	50 mm Distagon
Película	Kodak Tri-X Pan (forzada a IE 800)
Revelador	Forzado 1 punto en D76

Papel	Ilford Multigrade IV FB brillante
Exposición	20 segundos a f/11
Grado	2,5
Revelador	Ilford PQ 1+8
Tiempo de revelado	2,5 minutos

Jimi Hendrix
'Smoking'

"Tomé este retrato de Jimi en la segunda de las dos sesiones que hice con él a principios de 1967. Jimi estaba siempre riendo y bromeando, pero ese día todos convinimos en lograr una fotografía con un cierto aire serio. Por desgracia, en muchas de las fotografías que tomé, Jimi sale sonriendo, y por eso no se publicaron o utilizaron en aquella época. Más adelante, cuando mis primeros trabajos empezaron a despertar interés, hacia 1982, tuve la oportunidad de mostrar estas imágenes inéditas, y algunas se han vuelto muy populares. Siempre me han gustado las fotos en las que Jimi sonríe, porque muestran una parte de él que mucha gente desconocía, y esa parte es para mí la más importante."
Gered Mankowitz

He copiado esta fotografía clásica de Gered muchas veces a lo largo de los años, y siempre ha sido un reto para mí. Hace poco tiempo que empecé a tomar notas sobre el copiado, en ocasiones volviendo sobre sujetos en los que ya he trabajado con anterioridad. Sin embargo, hay veces en las que es mejor empezar como si fuera la primera vez, porque el copiado es algo tan sutil que puede depender del día y de mi humor, y de si puedo darle un nuevo enfoque. El eje de esta fotografía es una exposición básica de 20 segundos. Reservé el pelo y la chaqueta tanto como pude. Después expuse la cara de Jimi durante 5 segundos, la muñeca durante 5 segundos y 10 más para la chapa, que siempre me ha fascinado. La exposición del fondo es de 20 segundos más, para que Jimi destaque.

COPIA DIRECTA

Planta de reciclaje

Esta fotografía de Ron Bambridge se hizo en la planta de reciclaje de Nashville, donde se funden desde coches hasta frigoríficos. Era un encargo para hacer el informe de la empresa GKN.

Esta fotografía tomada con película 5x4, muestra una atmósfera muy intensa. El propósito de la copia era acentuar el ambiente y el brillo de las chispas. El papel utilizado fue Ilford Warm-tone mate. La idea era mantener el detalle en el hombre tanto como fuera posible y atenuar, mediante la sobreexposición, otras partes, como la del número "50", la pieza que parece una prensa y el fondo. La exposición básica fue de 20 segundos con un filtro de grado 3, reservando el hombre; 10 segundos adicionales para el área del "50" y 10 para la prensa. El revelador utilizado fue Catechol Warm-tone (ver fórmula en página 55).

COPIA DIRECTA

EXPOSICIÓN BÁSICA: 20 SEGUNDOS, GRADO 3

+20 SEGUNDOS

ILFORD WARM-TONE MATE

Detalles de la ampliación

Cámara	Wista 5x4	Papel	Ilford Warm-tone mate
Objetivo	180 mm	Exposición básica	20 segundos, grado 3
Película	FP4	Grado	3
Exposición	1/30 segundo a f/8	Revelador	Catechol 1+15 (ver página 55)
Revelador	ID11		
Tiempo	8 minutos a 20° C		

Cámara	Nikon F3
Película	Tri-X
Exposición	1 segundo a f/5.6
Revelador	ID11
Tiempo	8 minutos

Detalles de la ampliación

Papel	Agfa Classic FB
Exposición	15 segundos a f/8, grado 3; 40 segundos adicionales en el fondo, grado 1
Revelador	Ilford PQ durante 2 minutos
Virador	Selenio, dilución 1+12
Tiempo	3 minutos

Violinista

He trabajado con Christie durante muchos años,
especialmente para su libro *The Living Note*, con el
escritor Peter Wood; un libro sobre la música y los
músicos de Irlanda. Cuando Christie llegó a Londres por
primera vez, ésta fue una de las primeras imágenes que
revelé para él. ¡No fue fácil! Primero tuve que dar una
exposición general y luego oscurecer el fondo para
hacer destacar al músico. Personalmente, me gusta
cómo la oscuridad general aporta detalle, como el reflejo
de la luz en el arco. Escogí Agfa Classic brillante porque
quería darle un ligero tono de selenio, y el material de
Agfa responde muy bien a este virador. La exposición
básica fue de 15 segundos con un filtro de grado 3,
reservando el traje y la gorra. Para sobreexponer el
fondo cambié a grado 1,5 y expuse durante
40 segundos.

COPIA DIRECTA

40 SEGUNDOS,
GRADO 1,5 PARA EL FONDO

EXPOSICIÓN BÁSICA: 15 SEGUNDOS,
GRADO 3. RESERVAR TRAJE Y GORRA.
AGFA CLASSIC

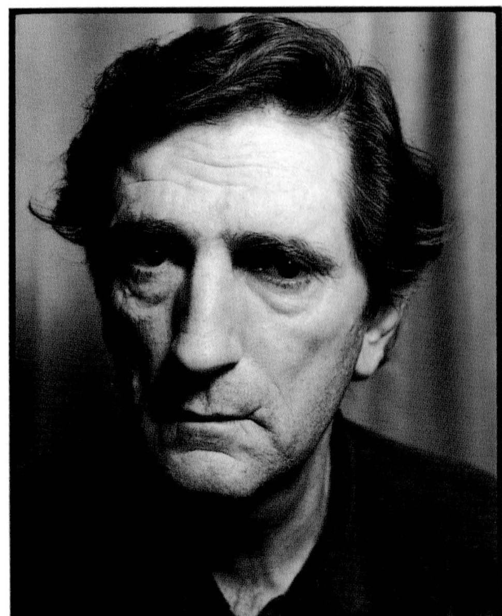

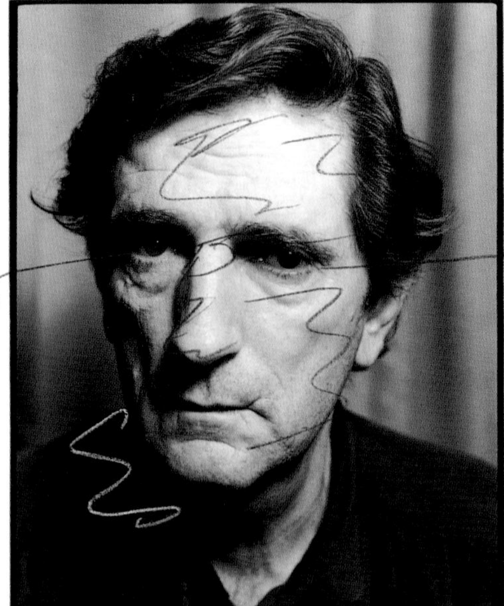

COPIA DIRECTA

REVELADOR CATECHOL

Harry Dean Stanton

Ésta es una inquietante fotografía de Harry Dean Stanton, uno de mis héroes, hecha por John Stoddart. John dijo que tuvo poco tiempo para tomar la fotografía porque Harry estaba muy alterado, ya que acababa de enterarse de que un buen amigo suyo había muerto. Creo que la fotografía vale más que mil palabras.

De nuevo, lo más importante en esta imagen era el equilibrio. Había que intentar mantener el detalle en los ojos pero también en el tono de la piel. El papel utilizado fue Ilford Warm-tone, y el revelador Agfa W/A, un revelador para tonos cálidos. La exposición básica para un filtro de grado 2 fue de 18 segundos, reservando los ojos durante la exposición. Después cambié a grado 1 y di 60 segundos más a las partes más claras de la cara.

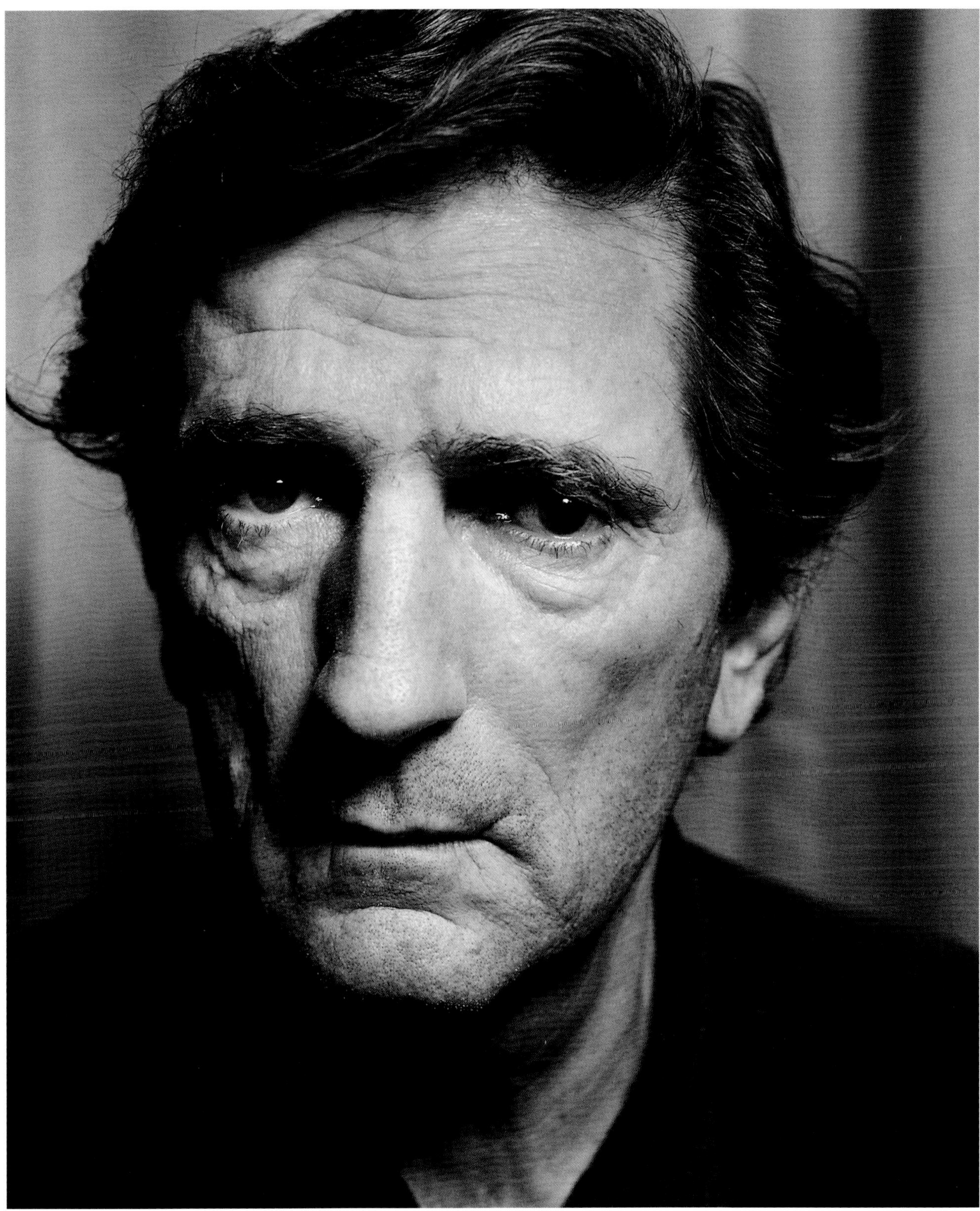

Cámara	Pentax 6x7
Objetivo	Macro
Película	Plus X
Exposición	1/30 segundo a f/5.6
Revelador	ID11
Tiempo	8 minutos

Detalles de la ampliación

Papel	Ilford Warm-tone brillante, grado 2
Exposición	18 segundos a f/8, más 60 segundos adicionales con un filtro de grado 1
Revelador	Catechol Warm-tone (ver página 55)

Detalles de la ampliación

Cámara	Hasselblad
Película	Delta 100
Objetivo	80 mm + tubo de extensión
Revelador	Rodinal 1+25
Tiempo	9 minutos

Papel	Forte Polywarm-tone semimate
	Grado 5
Exposición	48 segundos a f/8 + 38 segundos
Revelador	PQ
Tiempo	3 minutos
Virador	Selenio, oro y Tiocarbamida

EXPOSICIÓN BÁSICA:
48 SEGUNDOS. SELENIO,
ORO, TIOCARBAMIDA

RESERVAR

Lirio
Steve Ibb

Esta fotografía del lirio *Iconic* es una revelación para mí, una toma realmente original del sujeto. Steve ya había ampliado la copia una vez y había elegido una tonalidad oscura; yo seguí su enfoque. Para la preparación del virado hice varias copias, y lo que aquí vemos es una progresión hacia la copia final que creía que iba a funcionar con los viradores que pretendía utilizar. Utilicé el papel Forte Polywarm-tone semimate con un filtro de grado 5 durante 48 segundos a f/8 para retener detalle en las zonas en sombra. Este papel es más lento que la mayoría. Experimenté con los quemados de las luces, y llegué a la conclusión de que tenía que darle 30 segundos adicionales para conseguir una copia que se ajustara a mis necesidades. En las copias anteriores a la final fui dando más tono en las luces, hasta que creí que la proporción era la correcta.

Tan pronto tuve la copia adecuada empecé con el virado. El papel Polywarm funciona bien con los viradores de selenio y oro. Empecé con el selenio, con una dilución de 1+20 durante 2 minutos. Después del lavado, el siguiente baño fue en el virador oro, dilución 1+5, durante 3 minutos. Tras el lavado, sumergí la copia en blanqueador, dilución de 1+25, durante 30 segundos y después, tras otro lavado, le apliqué el virador de Tiocarbamida, en la proporción Tiocarbamida 70/hidróxido 30.

Creo que el tono final es parecido al Art Nouveau, que era exactamente la apariencia que buscaba.

Fórmula final de los viradores

Selenio	1+20	2 minutos
Virador dorado	1+5	3 minutos
Blanqueador	1+25	30 segundos
Tiocarbamida	70 ml	
Hidróxido	30 ml	

COPIA DE TONALIDAD FRÍA

COPIA DE TONALIDAD CÁLIDA

"Creo que el tono final es parecido al Art Nouveau."

Reencuadrar

Siempre intento encuadrar las imágenes mientras
fotografío. Pocas veces disparo pensando en reencuadrar
durante la ampliación. Sin embargo, la hoja de contactos
es otro tema, y hay que mirarla con otra mentalidad: eso
fue entonces, y esto es ahora. Ésta es la razón por la que
esta fotografía de las chimeneas iluminadas por la
increíble luz de la tarde en Glasgow se reencuadró así.
Creía tener la imagen correcta en la cámara, pero
después decidí cerrar el encuadre. Al principio utilicé el
formato de 35 mm, pero después decidí que quedaba
mejor en formato cuadrado. El encuadre final es el del
formato 6x6 cm.

Cámara
Nikkormat

Objetivo
35 mm

Filtro
Naranja

Película
Tri-X

Exposición
1/125 segundo a f/11

Revelador
ID11

Tiempo
8 minutos

Detalles de la ampliación
Papel
Classic Fine-grain mate

Grado
1,5

Exposición básica
15 segundos reservando
la nube + 15 segundos
para oscurecer el cielo

Revelador
Ilford PQ

Virador
Tiocarbamida

COPIA DIRECTA

PRIMER REENCUADRE. FORMATO 35 MM

Nubes solitarias

Cuando me trasladé a Yorkshire en el verano de 1976 me
impresionó cuánto se parecía al sur de Francia. El cielo
azul parecía infinito. El este de Yorkshire tiene un paisaje
muy suave, con unas colinas bajas llamadas Wolds. La
combinación del paisaje y del cielo es extraordinaria.

Tuve que reencuadrar el negativo porque el parasol hizo
que viñeteara la fotografía. El papel utilizado fue Ilford
Multigrade FB brillante, grado 4. Siempre había hecho
copias lith de este motivo, pero esta vez decidí utilizar un
contraste mayor para darle una calidad más gráfica, con
unos tonos medios muy nítidos. Me recordó al trabajo en
el cuarto oscuro en los años sesenta, cuando todo se
ampliaba en papel Kodak de grado 4, sin tonos medios;
necesité años para esforzarme en ampliar con más tonos.

El tiempo de exposición fue de 20 segundos, reservando
las partes más oscuras del campo. Di 5 segundos
adicionales a la parte inferior derecha y 5 más a la parte
derecha de la nube, con filtro de grado 2. También
expuse la parte izquierda del cielo durante 5 segundos.

COPIA DIRECTA

<table>
<tr><td>Cámara</td><td>Nikkormat</td></tr>
<tr><td>Objetivo</td><td>28 mm</td></tr>
<tr><td>Filtro</td><td>Polarizador</td></tr>
<tr><td>Película</td><td>HP4</td></tr>
<tr><td>Exposición</td><td>1/125 segundo, f/16</td></tr>
<tr><td>Revelador</td><td>ID11</td></tr>
<tr><td>Tiempo</td><td>8 minutos</td></tr>
</table>

Detalles de la ampliación

<table>
<tr><td>Papel</td><td>Ilford Multigrade FB brillante</td></tr>
<tr><td>Grado/filtro</td><td>4</td></tr>
<tr><td>Exposición</td><td>20 segundos +5 +5 segundos
para el grado 2; todo a f/22</td></tr>
<tr><td>Revelador</td><td>PQ</td></tr>
<tr><td>Tiempo</td><td>2 minutos</td></tr>
</table>

Ampliaciones lith

No hay razón alguna por la que no puedan infringirse o incluso romperse las normas para crear un efecto atractivo. Se pueden tratar los papeles de bromuro con un revelador lith; de hecho, es una de las mejores maneras de manipular un resultado en el cuarto oscuro, y abre un gran abanico de posibilidades que dependen del tipo de papel utilizado y de la potencia del revelador.

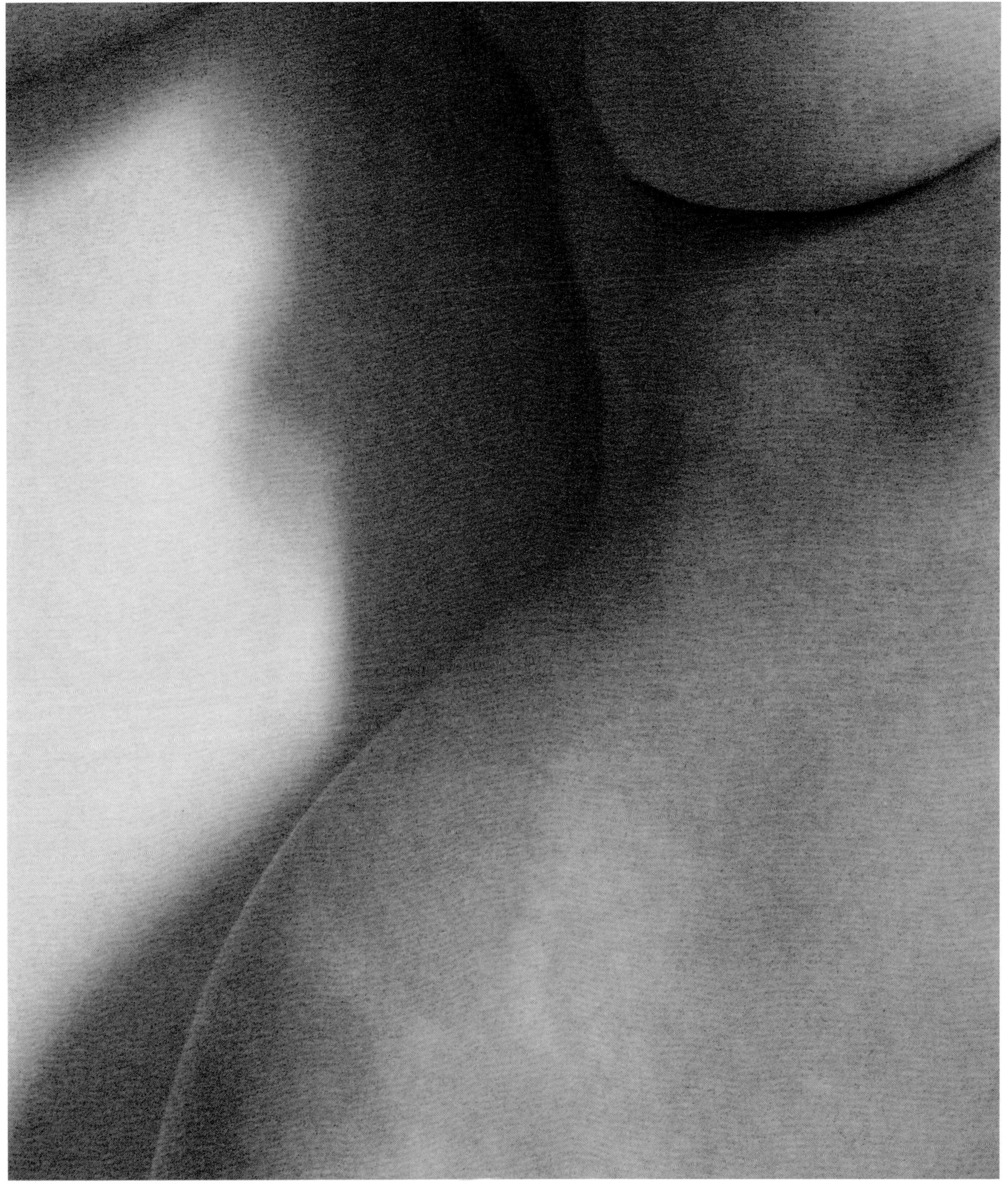

01. **La técnica del positivado lith**

La técnica para hacer una ampliación lith consiste en sobreexponer el negativo 2 o 3 puntos sobre un papel adecuado, que se procesa con un revelador lith muy diluido (aunque no todos los papeles se prestan a ello). La copia final tendrá unas sombras muy intensas con tonos medios coloreados, pero es un proceso tan variable que hace falta mucho tiempo para experimentar y descubrir cómo reaccionan los diferentes papeles.

Los papeles que he utilizado para esta sección son Forte Polywarm-tone, Oriental Seagull y Kentmere Art Classic. El revelador es Champion Nova Lith, que viene en dos partes, A y B, en una dilución de 1+20. El baño de paro es esencial en este proceso, porque todo depende de saber detener el revelado del papel en el momento exacto. Se trata de saber evaluar la situación según la experiencia personal, pero hay que tener en cuenta que en las etapas finales hay que moverse con rapidez, aunque el tiempo total del revelado sea de entre 5 y 12 minutos. Se debe sacar la copia cuando las sombras comienzan a ennegrecer, y 30 segundos pueden marcar la diferencia entre un buen y un mal resultado. Si se deja durante mucho tiempo, la copia estará muy contrastada y negra, pero si se saca muy pronto quedará excesivamente uniforme, sin negros puros. Entre estos dos extremos hay un atractivo abanico de colores y tonos que pueden formar una fantástica imagen.

El revelador lith no empieza a tener efecto hasta que se han pasado varias hojas de papel por él y ha empezado a oxidarse. Para ahorrar tiempo, se puede poner el revelador una hora antes de empezar la ampliación y pasar algunas hojas de papel velado. También se puede guardar una pequeña parte de revelador utilizado anteriormente y mezclarla con la nueva solución para llegar al mismo resultado.

La temperatura del revelador puede ser importante. Intento trabajar entre 30-40 °C para obtener tiempos de revelado de unos 5 minutos.

Cámara	Nikkormat
Objetivo	110 mm
Película	Tri-X
Filtro	Naranja
Revelador	Rodinal 1+50
Tiempo	12 minutos
Exposición	1/125 segundo, f/11

Detalles de la ampliación

Papel	Oriental Seagull, grado 3
Exposición básica	70 segundos + 20 segundos en la parte derecha + 20 segundos en la parte superior
Revelador	Novalith 1+20
Temperatura	30 ºC
Tiempo	5 minutos
Dilución	1+20
Tiempo de blanqueo	45 segundos
Virador	30 ml de hidróxido de sodio + 70 ml de Tiocarbamida, para 1 litro

 # Pasar del negativo a la copia lith

Jeff Conn amplió esta serie de fotografías del Museo Guggenheim de Bilbao. Era la primera vez que otra persona ampliaba mi trabajo, y él le dio otra dimensión. Jeff decidió hacer copias lith sobre papel Oriental Seagull. Los negativos eran muy débiles y les faltaba contraste, pero mediante este proceso pudo conseguir unos negros muy ricos y tonos medios bastante decentes. Después de que Jeff ampliara esta imagen decidí virar las copias finales con Tiocarbamida. Ésta es una copia lith antes del virado y, en mi opinión, le falta algo de contraste. El virado con Tiocarbamida me proporcionó una imagen más completa e interesante.

COPIA SIN VIRADOR

Detalles de la ampliación

Cámara	Nikkormat
Objetivo	110 mm
Película	Tri-X
Filtro	Naranja
Revelador	Rodinal 1+50
Tiempo	12 minutos
Exposición	1/125 segundo, f/11

Papel	Oriental seagull, grado 3
Exposición básica	70 segundos +20 segundos en la parte derecha +20 segundos en la parte superior
Revelador	Novalith 1+20
Temperatura	30 ºC
Tiempo	5 minutos
Dilución	1+20
Tiempo de blanqueo	45 segundos
Virador	30 ml de hidróxido de sodio + 70 ml de Tiocarbamida, para 1 litro

Casa del Senado

Cámara
Rolleiflex

Película
HP5+

Exposición
30 segundos, f/22

Revelador
Microphen

Tiempo
12 minutos

Detalles de la copia
Papel
Forte Polywarm-tone
brillante

Exposición
80 segundos

Revelador
Champion Novalith 1+20
+ 1 litro de revelador
viejo

Tiempo
10 minutos

Cámara
Mamiya RZ 67

Objetivo
180 mm

Película
Neopan 400

Exposición
1/250 segundo, f/5.6

Revelador
ID11

Tiempo
9,5 minutos

Detalles de la copia
Papel
Forte Polywarm-tone,
semimate

Exposición
60 segundos reservando
los ojos + 15 segundos
más en la parte superior

Revelador
Novalith 1+20 a 30 ℃ +
1 litro de revelador nuevo

Tiempo
5 minutos

Chica

03. **Envejecimiento del revelador**

Para ampliar el retrato de esta chica, de Sanders, utilicé
el papel Forte Polywarm-tone semimate, a fin de
producir una imagen rica en tonos cálidos. Este papel es
muy versátil y funciona muy bien con el revelador lith
que, en este caso, era relativamente nuevo.

Para la imagen de la página anterior, la Casa del Senado
de Londres, utilicé Polywarm-tone brillante. Esto
demuestra la diferencia de resultados conseguidos con el
mismo papel. Este tono en concreto se debe a que el
revelador ya estaba muy gastado. Mediante la
sobreexposición y la reducción del tiempo de revelado
pude conseguir un toque gótico para esta imagen.

04. **La elección del papel**

La experiencia nos enseña cómo reaccionan los diferentes tipos de papel al revelador lith, y, si nos acostumbramos a tomar notas de todo lo que hacemos, aprenderemos a utilizar los materiales adecuados con nuestros negativos. Aquí se han conseguido dos efectos diferentes mediante el uso de dos papeles distintos durante el procesado lith. La fotografía del Museo Guggenheim, ampliada con papel Oriental Seagull, tiene un toque dramático, de un gran contraste, que acentúa las luces y las sombras que me atrajeron de la escena.

La imagen de Marlene Dietrich tiene un enfoque distinto. Jeff Conn, que hizo la ampliación, trabajó con Kentmere Art Classic para conseguir este resultado. Según él, este papel proporciona mejor resultado cuando el revelador está más gastado y los tiempos de revelado alcanzan los 10-15 minutos. Otro punto a tener en cuenta con este material es que sufre un importante cambio de color después del secado: en mojado es de un marrón claro, pero después del secado se vuelve rojizo.

Guggenheim

Detalles de la ampliación

Cámara	Nikkormat	Papel	Oriental Seagull, grado 3
Objetivo	105 mm	Exposición básica	70 segundos
Película	Tri-X	Revelador	Novalith 1–20
Filtro	Rojo	Temperatura	30 ºC
Revelador	Rodinal 1+50	Tiempo	5 minutos
Tiempo	7 minutos	Tiempo de blanqueo	45 segundos
Exposición	1/125 segundo, f/11	Virador	30 ml de hidróxido de sodio + 70 ml de Tiocarbamida, para 1 litro

Cámara
Rolleiflex

Película
HP5+

Exposición
1/125 segundo, f/16

Revelador
ID11

Tiempo
8 minutos

Detalles de la copia
Papel
Kentmere Art Classic

Exposición
30 segundos

Revelador
Novalith 1+30 a
30 °C

Tiempo
10 minutos

Marlene Dietrich

Ampliación de Jeff Conn sobre Kentmere Art
Classic. Jeff cree que los mejores resultados con
este papel son los obtenidos cuando el revelador
está muy gastado y los tiempos de revelado son
de 10-15 minutos. Este papel cambia radicalmente
después del secado. En mojado es de un color
marrón claro, pero se vuelve rojizo al secarse.

Consejo: El uso del revelador lith nos ofrece la oportunidad de dar un toque personal
a nuestras copias. Hay que experimentar con las diluciones, comparar los resultados
cuando el revelador es nuevo o cuando está gastado y utilizar viradores para añadir
más color.

Virado y viradores

El revelado en blanco y negro no tiene por qué basarse sólo en tonos grises. Hay muchas maneras de añadir color a una imagen, y existen muchas técnicas para crear ambiente en una escena. Los viradores se pueden incluso utilizar combinados para crear más efectos, y el fotógrafo que esté dispuesto a experimentar se dará cuenta de que es posible conseguir resultados muy personales.

01. **La elección del papel para el virador**

La elección del papel es muy importante cuando se trata
del virado, ya que se pueden dar muchas variaciones.
Es esencial saber si el papel es de clorobromuro, como
Agfa Classic, Ilford Warmtone, Forte Polywarm-tone
o Multigrade, ya que estos papeles reaccionan
rápidamente al blanqueo y observan un marcado cambio
de color con el virado a selenio y oro, como Tetenal Gold
Toner. El papel de bromocloruro, como Ilford Multigrade
FB o Resin Oriental Seagull proporciona tonos más
neutros, aunque el segundo reacciona al virado de
manera muy diferente al Ilford, por lo que hay que
considerarlo un caso aparte.

El virador oro con papel de clorobromuro dará tonos
gradualmente azulados, y el selenio tonos rojo púrpura.

La diferencia principal es, en mi opinión, con Ilford
Multigrade y el papel de clorobromuro arriba
mencionado. He trabajado mucho con Ilford Multigrade
FB, y me gustan las variantes que puedo conseguir.
Siempre existe un "¿Y si…?" a combinar con un "¿Qué
pasará?" . Este proceso me lleva siempre a conseguir un
amplio abanico de tonos y colores.

Este faisán se amplió en Ilford FB de grado 5, y se le dio
un virado de Tiocarbamida para obtener un marrón más
cálido. Después, se pasó por un baño de Tetenal Gold
Toner que dio un tono rojo rosado a las luces y a los
tonos medios.

El virador oro en combinación con Tiocarbamida se
volverá rojo/rosa.

Cámara	Nikkormat
Objetivo	35 mm
Película	HP5
Filtro	Naranja
Exposición	1/125 segundo, f/11
Revelador	ID11
Tiempo	8,5 minutos

Detalles de la ampliación

Papel	Ilford Multigrade mate FB, grado 5
Exposición básica	12 segundos reservando la zona que rodea la cabeza del faisán, 5 segundos más para la parte superior derecha y para el lateral izquierdo
Revelador	Ilford PQ
Tiempo	2,5 minutos
Virador	Tiocarbamida y oro
Blanqueador	Ferricianuro potásico/bromuro potásico
Virador de Tiocarbamida	20 ml hidróxido de sodio + 80 ml Tiocarbamida, para 1 litro
Tetenal Gold Toner	Sin diluir, 2 minutos

 # Variación de la fórmula

Uno de mis viradores preferidos es la Tiocarbamida, porque proporciona un amplio abanico de tonalidades adecuadas para todo tipo de sujetos, dependiendo de cómo se utilice. Este virador actúa en dos tiempos, el blanqueo y el virado, y cada uno de ellos se puede variar para cambiar la apariencia final de la copia.

Blanqueador

Mezcla de ferricianuro potásico y bromuro potásico. Para hacer un litro de blanqueador se utilizan, normalmente, 100 gramos de cada y se diluye a 1+20 para obtener la proporción adecuada para el trabajo. Así nos aseguramos de que la copia no se blanquea en exceso y nos da tiempo a ver qué está sucediendo y a controlar la cantidad de blanqueo. Una vez, por accidente, mi asistente olvidó añadir el bromuro potásico a la mezcla. Así descubrí que 100 gramos de ferricianuro potásico puede funcionar bien y proporcionar un tono final interesante, y esta es una alternativa que vale la pena evaluar.

Virador

El virador de Tiocarbamida es una mezcla de hidróxido de sodio y de Tiocarbamida, y la proporción que yo utilizo es de 100 gramos por litro. Es la fuerza de ambos componentes en la mezcla final lo que influye en el color del tono que se consigue.

Método

La temperatura de blanqueo de las copias es de 20 ºC hasta que se alcanza la densidad adecuada. Después, le sigue un lavado bajo agua corriente del grifo que debería continuar hasta que haya desaparecido todo el blanqueador (es decir, todo el amarillo). Este proceso dura normalmente entre un minuto y medio y dos minutos. La copia se introduce en el virador, que se habrá mezclado de acuerdo con el color del tono que se quiera conseguir: cuanto más hidróxido de sodio se utilice, más púrpura quedará el tono de marrón; si es la Tiocarbamida la que predomina en la fórmula, entonces el color será más amarillento.

La velocidad de aparición de la copia también depende de la mezcla: si sumerjimos la copia en un baño en el que predomine el hidróxido de sodio la imagen aparecerá con mayor rapidez; sin embargo, si predomina la Tiocarbamida el proceso será más lento.

Después del virado, lave las copias y sumérjalas en una solución del 2-3% de ácido acético durante 1 minuto. Esto ayudará a eliminar cualquier capa de suciedad, algo que puede llegar a convertirse en un problema con las concentraciones mayores de hidróxido de sodio. Lave de forma habitual y déjelas secar al aire para obtener un mejor resultado.

Formula para el virador Tiocarbamida (sepia)

Blanqueador para hacer 1 litro de producto
Bromuro potásico 100 gramos
Ferricianuro potásico 100 gramos
(Otra alternativa para el blanqueador es utilizar sólo
100 gramos de ferricianuro potásico para hacer un litro)
Virador
Solución A:
Tiocarbamida 100 gramos por litro
Solución B:
Hidróxido de sodio 100 gramos por litro
Esta solución se puede mezclar en las siguientes proporciones
para conseguir los tonos de marrón indicados. (Para 1 litro.)

Solución A	Solución B	Color
20 ml	80 ml	Marrón púrpura
30 ml	60 ml	Marrón frío
70 ml	30 ml	Marrón cálido
80 ml	20 ml	Amarillo

Ponga atención en no respirar sobre los productos químicos durante los procesos de blanqueo y virado. Trabaje en una habitación bien ventilada, póngase una mascarilla y maneje las copias con pinzas o utilice guantes de goma para evitar que la piel esté en contacto con los productos.

Cámara
Rolleiflex

Película
HP5

Exposición
30 segundos a f/22

Revelador
Microphen

Tiempo
12 minutos

Detalles de la copia
Papel
Agfa Classic grado 2

Exposición
20 segundos + 1 minuto
+ 20 segundos

Revelador
Ilford PQ

Tiempo
2 minutos

Virador
Tiocarbamida 80 ml
Hidróxido de sodio 20 ml

Dilución del blanqueador
1+30

La sombra del caballo

Los papeles de clorobromuro como Agfa Classic responden
rápidamente al blanqueo, por lo que se requieren diluciones mayores.
También son, por naturaleza, más cálidos, por lo que será necesaria
menos Tiocarbamida en la mezcla del virador. Para esta copia de la
sombra de la estatua, tomada durante una de mis excursiones
fotográficas nocturnas por Londres, utilicé una mezcla 80/20 de
Tiocarbamida y un blanqueador de ferricianuro potásico. El tono
resultante se parece al que la luz de las farolas reflejaba sobre las
paredes, y los negros son ligeramente azulados.

03. **La copia original**

Con el virador de Tiocarbamida, cuanto menos se blanquee la copia mayor será la división tonal, tal como conseguí en el estudio de desnudo de Cat de Rham, en la página 35. Después del virado, los negros resultaron azulados y los tonos medios más cálidos. Éste era el resultado previsto desde antes de empezar el proceso de virado, por lo que la copia que había hecho era adecuada para este tratamiento. En ésta, donde la gama tonal era equilibrada, no tuve que ampliar más oscuro porque sabía que no iba a perder demasiada densidad con la fórmula de blanqueador/virador utilizada.

Con la copia de Ben Bulben (página 66), sin embargo, sabía que perdería mucha densidad en las luces con la fórmula de blanqueador/virador utilizada, por lo que amplié más oscuro para asegurar que se mantenía el detalle, teniendo en cuenta que gran parte de la tonalidad oscura se perdería durante el blaqueo.

Lord Palmerston

Esta fotografía forma parte de una serie que estoy haciendo en Londres; fotografío estatuas de noche. La luz es la disponible, normalmente procedente de farolas, a menos que la estatua esté iluminada. En ésta, la iluminación proviene de la luz de las farolas.

Para la ampliación escogí Agfa Classic Fine-grain mate, porque sabía que la mezcla de virador de Tiocarbamida que iba a utilizar me daría un cierto toque metálico. La exposición básica para la ampliación con un filtro de grado 2,5 fue de 15 segundos, con 5 segundos más para el pedestal.

Cámara
Rolleiflex

Película
HP5+

Exposición
Microphen, 12 minutos

Detalles de la copia

Papel
Agfa Classic Fine-grain mate

Exposición
15 segundos a f/16, grado 2,5

Revelador
PQ

Tiempo
2 minutos

Blanqueador
Ferricianuro potásico, 100 gramos por 1 litro

Dilución
1+30

Tiempo de blanqueo
70 segundos

Virador
Tiocarbamida 80 ml
Hidróxido de sodio 20 ml

Consejo: Si experimentamos con el virador y sabemos qué puede ofrecernos contaremos con una gran ayuda a la hora de visualizar qué vamos a utilizar para un sujeto determinado.

Cámara
Hasselblad

Objetivo
180 mm

Exposición
1/250 segundo, f/5.6

Película
Tri-X

Revelador
ID11

Tiempo
8 minutos

Detalles de la copia
Papel
Agfa Classic Fine-grain
mate

Grado
4,5

Exposición
14 segundos a f/11,
reservando el fondo para
mantenerlo blanco. Se
dieron 5 segundos más a
la parte inferior durante
la ampliación a causa
de un ligero destello.
5 segundos para el puño
blanco.

Revelador
PQ

Tiempo
2 minutos

Dilución
1+30

Tiempo
1 minuto

Virador
Hidróxido de sodio 30 ml
Tiocarbamida 70 ml

Sacerdote

Cuando Tim Hall me mostró sus series de
Vietnam, yo llevaba un tiempo trabajando con
Agfa Classic Fine-grain mate para mis series de
estatuas londinenses, y creí que si variaba un
poco lo que estaba haciendo con mi trabajo
podría resultar adecuado para estas series.
Cambié el virador ligeramente para que no
fuera tan amarillo, añadiendo más hidróxido y
reduciendo la cantidad de Tiocarbamida.

Al cambiar la fórmula y reducir el tiempo de
blanqueo conseguí un tono más púrpura.

Consejo: En todas las fórmulas de virador/blanqueador, cuanto más tiempo de
blanqueo, más cálida resulta la copia.

04. **Virado múltiple**

Árbol caído

Lo más atractivo de la técnica de virado con Tiocarbamida
(y del virado en general) es que ofrece muchas variaciones,
y esto permite imprimir nuestro sello personal a nuestro
trabajo. Si hacemos nuestras propias mezclas en lugar de
utilizar productos del mercado, tendremos más flexibilidad
y oportunidades de influir sobre el resultado final y de
hacer de él algo único para nosotros mismos y adaptado a
nuestro trabajo.

Cuando se utilizan otros viradores, como el oro o el
selenio, con papeles de clorobromuro, hay más opciones
que investigar. Como el virado múltiple. No se necesita
blanqueador inicial, con lo que la copia se introduce
directamente en el virador y se retira rápidamente cuando
se llega al punto deseado. Con el selenio, las sombras
serán las primeras zonas en verse afectadas y adquirirán
una apariencia rojo-púrpura, y después los tonos medios
empezarán a volverse ligeramente grises. En este punto se
separarán los tonos medios entre zonas afectadas y no
afectadas, y si el virado se detiene en ese momento se
puede obtener un resultado muy agradable (ver el estudio
de desnudo de Cat de Rham en la página 35).

La técnica con el virador de oro es exactamente la misma,
pero el efecto es el contrario: las luces serán las primeras
en adquirir color (en este caso azul), y al igual que con el
selenio el proceso se puede detener cuando se alcance la
tonalidad deseada.

Atención

Para virar con selenio y Tiocarbamida es necesaria una
habitación bien ventilada, con extractores potentes.
Normalmente utilizo mascarilla si trabajo con selenio, y
llevo guantes de goma y otros de protección de vinilo, ya
que la textura de la superficie de los guantes de goma
puede ocasionar marcas durante el virado.

Utilice siempre guantes de protección cuando trabaje con
el virador de selenio, ya que puede ser absorbido por la
piel. Intente no inclinarse demasiado sobre la bandeja a
menos que lleve mascarilla, ya que los gases despedidos
pueden ser muy fuertes. Las mismas reglas son aplicables
a la Tiocarbamida. Utilice una talla de guantes mayor a la
necesaria, ya que le resultarán más fáciles de poner y de
quitar.

Cámara
Rolleiflex

Película
HP5+

Filtro
Amarillo

Exposición
1/125 segundo, f/11

Revelador
ID11

Tiempo
8 minutos

Detalles de la copia

Papel
Ilford Multigrade FB
mate

Grado
2,5

Exposición
f/11 durante 20
segundos + 5 segundos
para la parte inferior
izquierda

Revelador
PQ Universal

Tiempo
2 minutos

Dilución
1+8

Blanqueador
Ferricianuro potásico /
bromuro potásico

Dilución del blanqueo
1+16

Tiempo de blanqueo
60 segundos

Virador
Tiocarbamida 70 ml
Hidróxido de sodio 30 ml
(para 1 litro)

"La atmósfera de una imagen puede cambiar de forma radical con el virado. Para esta fotografía quise conseguir el efecto de la luz de primera hora de la mañana."

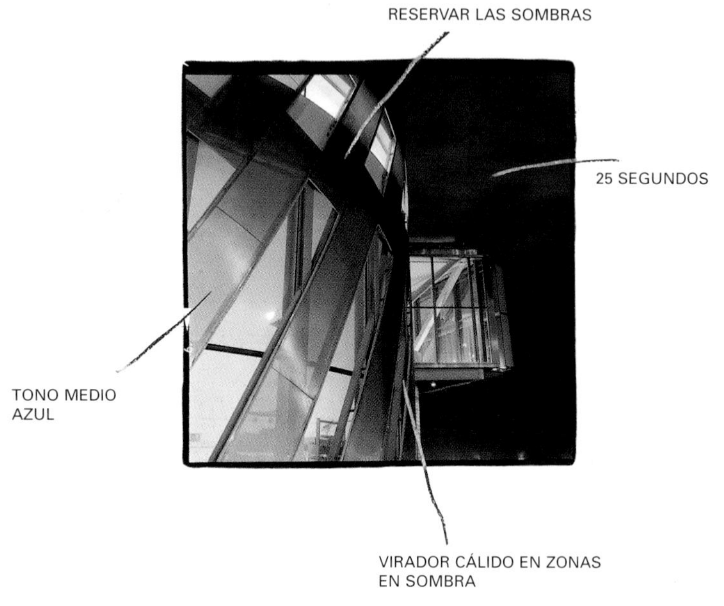

Consejo: Acostúmbrese a tomar notas de lo que hace, ya que es fácil perderse en este proceso. Las decisiones del momento se olvidan con facilidad cuando se quiere repetir el efecto.

Lowry Museum

En esta fotografía del Museo Lowry quise reflejar el sentido del color que me inspiró el edificio. Decidí utilizar Forte Polywarm-tone, que se vuelve azul de forma gradual al pasarlo por el virador de oro. Este virador afecta primero a las luces para pasar después a los tonos medios. Quería que el efecto fuera sutil en esta imagen, y por eso sólo sumergí la copia en Tetenal Gold Toner durante 2 minutos. Después lavé bien la copia antes del blanqueo/virado. El tiempo de blanqueo fue de 45 segundos, con una dilución de 1+36; las proporciones del virador fueron Tiocarbamida 20, hidróxido 80. Las luces y los tonos medios conservaron el azul, es decir, el efecto del virador oro y la gradación de los tonos medios a las sombras reflejó el tono de la Tiocarbamida. Al virar cualquier copia, asegúrese de que está fijada correctamente y que la ha lavado bien.

Cámara	Rolleiflex
Película	HP5+ forzada a IE 800
Exposición	30 segundos a f/22
Revelador	Ilford Microphen
Tiempo	12 minutos

Detalles de la ampliación

Papel	Forte Polywarm-tone
Grado	3,5
Exposición	f/8 básica 25 segundos, reservando las zonas en sombra y quemando el ángulo superior izquierdo durante 10 segundos
Revelador	Ilford PQ
Tiempo	3 minutos
Tetenal Gold Toner	2 minutos
Blanqueador	1+36; 45 segundos
Virador	Hidróxido de sodio 80 ml Tiocarbamida 20 ml

Glosario

Abertura: Se refiere al diámetro del diafragma. Sirve para controlar la cantidad de luz que llega a la película o al papel a través del objetivo. Los objetivos están calibrados según la nomenclatura de los números f, tales como f/2.8, f/4 y f/5.6. Cada punto de diafragma divide o multiplica por 2 la cantidad de luz que transmite el objetivo.

Agente humectante: Solución química que reduce la tensión superficial del agua. Se puede añadir una gota en el aclarado final para acelerar el secado y eliminar de esta manera las marcas que suele dejar el agua.

Baño de paro: Solución ácida que detiene la acción del revelador.

Blanqueo: Reducción de densidad de los tonos de una copia expuesta y revelada mediante la aplicación de una solución diluida de ferricianuro potásico. Se utiliza sobre todo como paso previo a los virados; se puede utilizar para eliminar puntos negros.

C41: Proceso químico para revelar películas de color o películas de blanco y negro de tipo cromógeno.

Carta de grises: Pieza de cartón pintada de gris medio (18% de reflectancia) según el cual están calibrados los fotómetros y que se utiliza para lecturas de sustitución. Representa el tono medio, o zona 5, de la gama tonal de una imagen.

Código DX: Sistema mediante el que la mayoría de cámaras APS, de 35 mm o de formato medio leen la velocidad de la película a través del código de barras del carrete y establecen el valor de forma automática.

Compensación de la exposición: Procedimiento por el que se reduce o se aumenta la exposición al utilizar el sistema automático de exposición de la cámara para sujetos con una gama tonal poco común. Se puede ajustar en incrementos de 1/3 de punto.

Contraste: Diferencia de brillo entre la zona más brillante y la más oscura de un material.

Copia de contacto: Copia hecha por contacto directo del negativo con la hoja de papel. El negativo se aplana con una lámina de vidrio para que la imagen no aparezca desenfocada. Éste es el procedimiento adecuado para producir copias de referencia de un carrete entero.

Definición: Capacidad de un objetivo o película de resolver el detalle de una imagen.

Eliminador hypo: Solución química que se utiliza para reducir el tiempo de fijado de las copias fotográficas de papel FB.

Emulsión: Capa sensible a la luz que se extiende sobre la película o el papel y forma la imagen tras la exposición y el revelado.

Error de reciprocidad: Efecto de exposiciones largas. Algunas películas o papeles resultan más lentos cuando se exponen durante más de un segundo, y el hecho de doblar la exposición no tiene el mismo efecto que abrir un punto de diafragma.

Factor de filtro: Indicación de cuánto hay que aumentar la exposición para utilizar un filtro: un filtro x2 requiere un punto de exposición extra; x3 un punto y medio; x4 dos puntos más, y así sucesivamente.

Flashing o prevelado: Consiste en dar una exposición muy breve al papel fotográfico antes de hacer la exposición. Se utiliza para reducir el contraste general de la imagen.

Forzar: Aumentar la sensibilidad de una película incrementando el tiempo de revelado o usando un revelador específico.

Grano: Estructura de la emulsión de una película que se hace visible cuando el grado de ampliación es alto.

ISO: Estándar que sirve para medir la sensibilidad de las películas. La mayoría de películas tienen sensibilidades entre ISO 25 e ISO 3200. Cuando se doble la numeración ISO, la exposición a la luz se divide por 2, y viceversa. La sensibilidad de las películas está dividida en tercios de punto: 25, 32, 40, 50, 64, 80, 100, etc.

Medición evaluativa: Sistema por el que se miden los niveles de brillo en varios puntos de la imagen y se hace una media de los resultados. Sirve para reducir el riesgo de sobre o subexposición de sujetos con una gama tonal poco común.

Ortocromático: Material no sensible al rojo. Las películas y papeles ortocromáticos se pueden manejar bajo luces de seguridad de color rojo.

Pancromático: Material sensible a todos los colores del espectro visible. Las películas y papeles pancromáticos se deben manejar siempre en total oscuridad.

Papel con base de fibra (FB): Papel fotográfico en el que la emulsión se adhiere directamente a la base de papel. Requiere un tiempo superior de lavado y fijado para prevenir el deterioro de la imagen. El aspecto general es más atractivo que el de las copias hechas con papel RC. Se vende en varios grosores y acabados.

Papel con base de resina (RC): Papel fotográfico en el que la emulsión está adherida a una base de material plástico. Son papeles más rápidos y fáciles de procesar, lavar y secar que los de base de fibra, pero no ofrecen la misma calidad.

Papel de bromuro: Un tipo de papel fotográfico que da una imagen de tonos azulados cuando se usa conjuntamente con el revelador adecuado.

Papel de clorobromuro: Tipo de papel fotográfico que da tonos cálidos cuando se utiliza con el revelador apropiado.

Papel de contraste variable: Tipo de papel fotográfico que puede reproducir una gama de contraste variable, controlada con filtros de color, conocidos como multigrado.

Película cromógena: Película de blanco y negro, como por ejemplo Ilford XP2 Super, en la que la imagen se forma por colorantes en lugar de por cristales de plata.

Prioridad de obturador: Función de las cámaras de exposición automática que permite al fotógrafo establecer la velocidad de obturación mientras que el fotómetro incorporado selecciona la abertura adecuada.

Profundidad de campo: Distancia que se extiende por delante y por detrás del punto de enfoque que permanece aparentemente nítida en la película. Aumenta cuando se cierra el diafragma y disminuye cuando se abre. Se extiende unos 2/3 por delante y 1/3 por detrás del plano de enfoque. La profundidad de campo disminuye a medida que lo hace la distancia de enfoque. La mayoría de objetivos de distancia focal fija tienen una escala que indica la profundidad de campo para varios diafragmas. También se puede juzgar visualmente en las cámaras réflex con previsualización de la profundidad de campo.

Punteado: Técnica que consiste en eliminar los puntos blancos de las copias con acuarelas o tintes y un pincel muy fino.

Quemado: Técnica utilizada en el proceso de ampliación que consiste en aumentar la exposición de zonas determinadas de la imagen para oscurecer los tonos y aumentar el detalle.

Reductor de Farmer: Solución química que blanquea la imagen de plata. Se utiliza para aclarar zonas muy densas de la copia; o también se puede sumergir la copia en la solución para sacar provecho de una imagen sobreexpuesta. Después de utilizar el reductor hay que volver a fijar y lavar la copia.

Revelador de un solo uso: Término utilizado para describir un revelador del que se debe utilizar una nueva dilución cada vez y que debe eliminarse después de su uso.

Revelador lith: Producto diseñado para revelar papeles lith pero que puede aplicarse a papeles de bromuro estándar para aportar un delicado tono de color.

Sistema de zonas: Método para definir la gama tonal de una imagen real, de una copia fotográfica y de un negativo. Se utiliza para determinar la exposición y el tiempo de revelado más adecuados con objeto de conseguir la mejor reproducción de la imagen original. La gama tonal se divide en 9 zonas o escalas, desde el blanco puro hasta el negro. Un diafragma de diferencia equivale a una zona. El tono medio (18% de reflexión), para el que están calibrados todos los fotómetros, queda reproducido en la zona 5.

Subforzar: Término utilizado para describir la reducción del tiempo de revelado para reducir la velocidad establecida. Aplicado también a la técnica de sacar una copia del revelador para evitar que se oscurezca.

Tira de prueba: Método para determinar la exposición más adecuada de la imagen del negativo en el papel. Se expone una tira de papel fotográfico por partes y se le da a cada una un tiempo diferente. Por comparación podremos determinar el tiempo que reproduce mejor la densidad de la imagen.

Velado: Resultado de una exposición de la película o del papel a luz ambiente no controlada, causada normalmente por una grieta en el cuarto oscuro o un foco de estudio demasiado brillante o que no tiene una pantalla adecuada.

Virador de selenio: Este virador se puede utilizar a distintas diluciones, en función del efecto que se quiera conseguir. Se pueden virar copias recién procesadas o no, a condición de que previamente se humedezcan. El efecto varía desde un cambio apenas perceptible de tonalidad hasta un cambio sutil e incluso intenso. Una vez concluido el proceso de virado hay que lavar la copia de nuevo. El selenio es un metal tóxico que puede ser absorbido a través de la piel.

Agradecimientos

Gracias a todos los fotógrafos que han contribuido a la creación de este libro; a Angie Patchel, que ha revisado este proyecto y cuya seguridad me ayudó a continuar. A Jeff Conn por su contribución en las ampliaciones. A Francesca Flowers y Diana Mansfield, que transformaron mis jeroglíficos en palabras. A Terry Hope por ser tan buen editor. A Fox por todo su apoyo durante estos años. A Bill Rowlinson por ser fuente de inspiración constante.